「国譲りの神話」の真実

――神 記憶する

田中英道 著

勉誠出版

はしがき

「国譲り」、という不思議な物語は、おそらく日本でしかありえないと思われます。日本以外の外国の為政者たちは、自分のものになった領土を譲ることは、敗北であり、例えかつては自分たちのものでなくとも、面子をかけて、返さないのが、彼らです。島とか、領土とかは、一度でも得ることが出来たら、彼らは、面子にかけても、敵に譲ったりするものでない、それが戦いだ、と思っています。これは第二次世界大戦では、ロシアの北方四島であり、韓国の竹島でしょう。彼らがそこを占拠している歴史的理由は何もないのにも拘わらず。

日本であっても、「国譲り」があったという話は、神話であり、決して現実の話ではない、と誰か言うかもしれません。従って、銅剣が三五八本も整然と並べられて出てきても、それが共同で武器を捨てた、国を譲ったという、意思の表れ、などと取りません。おそらく西洋人、外国人のやり方に慣れた日本人たちは、この出雲の小さな山に隠されていた大量の銅剣の意味がわからないでしょう。

国ではなく、個人でも日本では、東京や大阪でさえ、落とした財布の多くが出てくる、ということが、世界でも有名になっています。日本人は、道徳的にも異次元の世界の人々だ、などと言われています。日本人は落ちているものは、他の人のものだ、取ったら泥棒だ、と思います。しかし外国人たちは、落ちているものは自分のものだ、と考えます。落とした持ち主が悪いのだ、彼らに気づかぬ内にもらっておこう、とひそかに考えるのです。いやしい人たちです。しかし世界はいやしい人たちが大部分なのです。それは私の長い留学体験でわかります。

日本には、資本主義の国になった今も変わらず、拾ったものは取らないという当たり前の習慣があります。もし、西洋のような考え方の人が、拾った財布をそのまま返すという精神を正しいとするのなら、銅剣という武器（象徴としての武器であっても）を大量に捨てるという行為が、勝利を譲る、という意味だと納得されるでしょう。

そしてこの荒神谷遺跡から昭和五八年（一九八三年）、まとまって三五八本の銅剣が（それまで発見された銅剣は、三〇〇本ぐらいで、ばらばらに出土したものです）出土したことは、記紀に書かれた「国譲り」の証《あかし》であるという考えに同意されるでしょう。昭和六〇年に、荒神谷遺跡からわずか七メートル離れたところに銅鐸や銅矛が出土しました。それも同じ意味を持っています。

ここで、この物語の流れを、『日本書紀』（巻第二 神代下・第九段）から述べておきましょう。この『紀』の記述は、高天原の神、タカミムスビ（高皇産霊尊、高御産巣日神）が、葦原中国を支配しようとする筋書きです。その地上の葦原中国は抽象的な場所ではなく、具体的に、出雲国の五十田狭之小汀《いたさのおはま》とか、出雲国の三穂之碕《みほのさき》といった名があるように、出雲地方を支配していたオオアナムチ（大己貴神、『古事記』の大国主神）の一族から、国を譲らせるという意図で書かれたことがわかります。この「高天原」を東国の日高見国のことと私は考えています。そうした文脈で読むと興味ぶかく読むことができます。

高天原のタカミムスビは、自分の孫であり、ホノニニギ（天津彦火瓊々杵尊）、天照大神の子・オシホミミ（正哉吾勝速日天忍穂耳尊）と自分の娘、ハタチヂヒメ（幡千千姫）の息子を、葦原中国の君主にしようと考えました。

地上には蛍火のように勝手に光る神や、ハエのように騒がしい邪神が多くいて、草も木さえも言葉を話す程、異常な状態だったのです。そのため、八十諸神《やそもろかみ》たちを集めて、《私は、葦原中国の邪神達を平定したいと思っている。誰を派遣すべきか》と問われました。すると神々は《天日命《アマノホヒ》は立派な神です。試してみてはどうでしょう》と進言しました。しかし、遣わされた天穂日命は国津神の長・オオアナムチに媚びてしまい、三年たっても報告のために戻りませんでした。次に天穂日命の子の大背飯三熊之大人《オオソビノミクマノウシ》、武三熊之大人《タケミクマノウシ》が遣わされましたが、父と同じく報告に戻りませんでした。タカミムスビはふたたび神々を集めて遣わすべき者を尋ねますと、皆は《天国玉の子・天稚彦《アメノワカヒコ》を遣わすべき》と答えました。アメノワカヒコは、タカミムスビから授かったアメノカゴユミ（天鹿児弓）とアメノハハヤ（天羽々矢）を持って葦原中国へ向かいました。ところが任務を果たさずに、ウツクシクニミタマ（顕国玉（大己貴神のこと））の娘・シモテルヒメ（下照姫）「高姫《タカヒメ》またはワカクニタマ（稚国玉）ともいう」を娶って、葦原中国を支配しようとまで企みました。

タカミムスビは、長く報告が来ないことを怪しみ、無名雉《ななしきぎし》を遣わしました。雉が天稚彦の門前にある湯津杜木《ゆつかつら》の梢に止まるのを目撃したアメノサグメ（天探女）は天稚彦に《奇妙な鳥がカツラの木にいます》と告げました。するとアメノワカヒコはタカミムスビから与えられた天鹿児弓と天羽々矢で雉を射抜いて、その矢はタカミムスビの所まで飛んで行きました。タカミムスビは矢を見て、《この矢は昔、天稚彦に授けたもので、血に染まっている。国津神と戦っていたのだろうか》と言って、矢を投げ返しました。その矢は新嘗祭の後に休んで寝ていたアメノワカヒコの胸に命中して、彼は死んでしまいました。

天にいるアメノワカヒコの父・アメノクニタマ（天国玉）が夫の死を嘆く下照姫の泣き声を聞き、疾風《はやて》を遣わして死体を天に運ばせ、喪屋を作って殯《もがり》を行いました。天稚彦の親友で、彼によく似ていたアヂシキタカヒコネ（味鉏高日子根神）は天に昇って弔いに訪れた時、アメノワカヒコの親族や妻子は皆、《我が君は生きていた》と言って衣服にすがりついて喜びに沸きました。するとアヂシキタカヒコネは《友達を弔うために穢を受けるのを覚悟してここへ来た。どうして死人と間違うのか》と怒り、オオハガリ（大葉刈、神戸剣ともいう）で喪屋を切り倒しました。これが落ちて、美濃国の藍見川《あいみのかわ》にある喪山になったといいます。

　タカミムスビは神々に今度はどの神を派遣すべきかと問うと、皆は磐烈・根裂神の子である磐筒男・磐筒女の子・フツヌシ（経津主神）を薦めました。その時、天石窟《あまのいわや》に住む神、稜威雄走《いつのおはしり》神の子・甕速日《みかはやひ》神、甕速日神の子・熯速日《ひのはやひ》神、樋速日神の子・タケミカズチ（武甕槌神）がいました。タケミカズチは進み出て《経津主神だけが丈夫《ますらお》で、私は丈夫ではないというのか》と抗議しました。大変熱心に語るので、経津主神に副えて葦原中国を平定させることにしたのです。

　フツヌシとタケミカズチは出雲国の五十田狭之小汀《いたさのおはま》に降り到って、十握剣《とつかのつるぎ》を抜いて逆さに地面に突き立て、その剣先にあぐらをかいて座り、大己貴神に《タカミムスビは皇孫《すめみま》を天から降してこの地に君臨しようと思っているため、地上を平定するために我々を派遣された。ご意向はどうだ》と問い詰めました。すると大己貴神は、息子に尋ねてから答えを出すと言いました。

その時、その子の事代主神は出雲国の三穂之碕《みほのさき》に魚釣り（あるいは鳥の狩り）をしていました。そこで、二柱の使者は熊野諸手船《くまののもろたふね》（天鴿船《あまのはとふね》とも）に使者の稲背脛《いなせはぎ》を乗せて事代主神の元へ遣わしました。事代主神は使者に、《父は去るべきでしょう。私もそれに違反しません》と答えて、海の中に八重蒼柴籬《やえあおふしかき》を作り、船の端を踏んで姿を消しました。

稲背脛が帰って報告すると、大己貴神は二柱の神に《頼りの息子は去ってしまったので、私も去ることにします。もしも抵抗すれば、国中の神々も同じように戦います。しかし、私が身を引けば、従わない者はいないでしょう》と言いました。そして国を平定した時に用いた広矛《ひろほこ》を二柱の神に授けて、《天孫がこの矛を以て国を治めれば、必ず平安になるでしょう。私は今、百《もも》足らず八十隈《やそくまで》へ隠れます》と言い終えて、姿を消しました。すると、フツヌシとタケミカヅチの二柱は服従しない鬼神を処罰して、地上を平定しました。一書によると、二柱の神は邪神と草木・石を征伐した時、ホシノカガセオ（星神香々背男）だけは最後まで抵抗しました。そこで倭文神《しとりがみ》であるタケハヅチノミコト（建葉槌命）を遣わせて服従させました。それで二柱の神は天に復命しました。

この物語は、多くの出雲の国の神々が、抵抗したことを記しています。高天原のタカミムスビが、他の神々と相談して派遣された高天原の神々もまた、強力なオオアナムチ

（大己貴神、『古事記』の大国主神）に、高天原のタカミムスビがそこを譲れ、と言っても、譲りませんでした。しかし、オオアナムチはフツヌシとタケミカヅチの二柱の神に、頼りの息子が抑えられてしまい、自らも退くことになるのです。《もしも抵抗すれば、国中の神々も同じように戦います。しかし、私が身を引けば、従わない者はいないでしょう》と言いました。つまり、「国譲り」をしたのです。

自らが戦えば、彼の支配する地方の神々が共に戦うと言うのですから、激しい戦争になったことでしょう。しかし、「高天原」の強い威光を感じて、身を引くのです。そして国を平定した時に用いた広矛《ひろほこ》を二柱の神に授けて、《天孫がこの矛を以て国を治めれば、必ず平安になるでしょう。私は今、百《もも》足らず八十《やそ》隈《くまで》へ隠れます》と言い終えて、姿を消します。

これだけ具体性があれば、最後まで抵抗した倭文神であるタケハヅチノミコトを含めて、オオナムチ配下の国神たちの持っていた矛、銅剣を大量に廃棄する行為であってもおかしくないことになります。

以上のことを構想し、具体的に論じたのが、本書です。このオオナムチ（オオクニヌシ）という出雲地方を中心に割拠していた豪族の長が、戦わずして、国を譲ったという物語は、土地名の具体性から、そこから出土する銅剣、銅矛、銅鐸が、その証拠となる、と考えても決して、間違いとはならない、と言えるでしょう。

本書は、拙著『高天原は関東にあった』の「「国譲り神話」と出雲の銅剣、銅矛、銅鐸」の章を中心に、新たな考察を含めて論じたものです。出版にあたっては、尾崎克之氏、池嶋洋次氏、武内可夏子氏にお世話になりました。記して感謝いたします。

田中英道

目次

第一章　「国譲り神話」と出雲の銅剣……37

目次

第二章　関東にこそあった「高天原」……105

序章　「国譲り神話」を軽んじるアカデミズム

「国譲り神話」は、日本の統治体制の変化を示す物語

日本には「国譲り神話」というものがあります。全国八万の神社を包括する神社本庁の公式ウェブサイトでは「大国主神《オオクニヌシノミコト》が治めてきた豊葦原水穂国《トヨアシハラノミズホノクニ》が天照大御神《アマテラスオオミカミ》の御子に譲られる経緯を語り伝えるもの」と説明されています。

豊葦原水穂国は、『古事記』や『日本書紀』の中で、葦原中国《アシハラノナカツクニ》、また中つ国《ナカツクニ》とも書かれています。高天原から見下ろしたところにある地上の国です。『古事記』で言えば根之堅州国（黄泉の国）と高天原との中間にある国だとされています。

つまり、豊葦原水穂国はひとまず、私たちが暮らしているこの日本列島のことだと考えていいでしょう。

国譲り神話は、それまで大国主神が治めていた日本列島を天照大神の子孫たちが統治するようになった、ということを語り継いでいる神話です。

神話を排除する歴史学会

私は歴史を研究する学徒として、日本神話は歴史的事実の記憶である、と主張し続けてきました。

『「やまとごころ」とは何か――日本文化の深層』（ミネルヴァ書房、二〇一〇年）、『高天原は関東にあった　日本神話と考古学を再考する』（勉誠出版、二〇一七年）、『日本の起源は日高見国にあった　縄文・弥生時代の歴史的復元』（勉誠選書、二〇一八年）、『天孫降臨とは何であったのか』（勉誠選書、二〇一八年）などの著書を通じて、神話は歴史そのものであるということを実証してきました。

特に、いわゆる古代史と呼ばれているものの研究を続けている中で、私は大いに実感することがあります。

教科書に載るような日本の歴史学の主流は、あまりにも神話を放っておき過ぎる、神話を無視し過ぎる、ということです。

西洋の学者が偉いというわけではありませんが、海外からの日本神話に対する評価というものはひとつの参考になるでしょう。私はたびたび引用しているのですがフランスの民族学者レヴィ＝ストロース（一九〇八～二〇〇九年）はこんなことを言っているのです。

《『古事記』はより文学的ですし、『日本書紀』はより学者風です。しかしスタイルこそ違え、どちらも比類のない巧みさをもって世界の神話の重要テーマのすべてをまとめ上げています。そしておのおの神話が、知らず知らずのうちに歴史に溶け込んでいます。こうして、『日本神話』は広大な大陸の末端周辺部に位置し、また長く孤立していたにもかかわらず、そのもっとも古い文献が、他の地域ではバラバラの断片になった形でしか見られないさまざまな要素の完璧なる総合を示しえたのはなぜか」という、日本文化の根本問題が提起されます。》

(日文研フォーラム講演「世界の中の日本文化」一九八八年　訳・大橋保夫)


世界で今世に最高の文化人類学者であるが故に、言っているのです。

国譲り神話には、今に続く日本という国が、いつ、どのようにして安定した国家体制となったかが示されています。

日本の歴史において、これほどの重要事があるでしょうか。

しかし、レヴィ＝ストロースに言わせれば日本神話は歴史の中に溶け込んでおり、私に言わせれば日本神話は歴史的事実の記憶であるにもかかわらず、日本のアカデミズムは、国譲り神話を歴史として整理し、歴史として語ることを一切しません。

モノの「意味」を語らない考古学

そこで、こういうことが起こります。

一九八四年（昭和五九年）、島根県の、大国主神を祭神とする出雲大社付近の荒神谷遺跡から銅剣三五八本、翌年に銅鐸六個、銅矛一六本が出土しました。

それまでに国内で発見された銅剣の総数が約三〇〇本でしたから、それ以上の数の銅剣が一箇所から出土したことで、出雲という地域にかつて存在した勢力の大きさというものが注目されました。

銅剣三五八本の内、三四四本には、鋳造後にタガネ状の工具で刻まれた×印がついていました。戦後日本の考古学の一大発見でもありました。

特別展「出雲と大和」

二〇二〇年（令和二年）、武漢ウィルスの影響で二月二六日に中途閉幕となりましたが、〈日本書紀成立一三〇〇年　特別展「出雲と大和」〉が東京国立博物館で開催されました（図）。たいへん見事な特別展だったことは確かで、荒神谷遺跡から出土した銅剣三五八本の内の一六八本、銅矛は一六本すべて、銅鐸六個中の内の五個が展示されていました。

しかし、特別展は、これらの出土品について、次のようなかたちで解説するのみでした。

「銅鐸は近畿から東海、銅矛は北部九州から四国南部から多く出土する。分布の中心から外れた荒神谷遺跡での発見は、弥生時代の出雲に大きな勢力が存在したことを示し、北部九州や近畿と深い交流が行われていたことを裏付ける」

「銅剣はいずれも山陰を中心に分布する中細形銅剣c類と呼ばれるもの。長さ約五〇㎝、重さ約五〇〇gと規格性が高く、多くは茎（基部）に×印が刻印されている。その規格性の高さと、他の遺跡から出土する中細形銅剣c類に×印の刻印がないことから、荒神谷遺跡の銅剣は、比較的短い期間に製作から埋納まで一括して取り扱われたものと考えられている。銅剣の薄さから、祭器として使うよりも埋納を前提に作られたとも考えられる」

「銅矛は、荒神谷遺跡を除き、山陰での出土例はない。研ぎ分けされ、綾杉状の装飾をもつ銅矛もあることから、佐賀平野など北部九州で作られたと考えられている」

「このような異なる来歴をもつ銅剣、銅鐸、銅矛が荒神谷遺跡に一括して埋納されたのか、いまだにその理由ははっきりとわかっていない」


（東京国立博物館ウェブサイトより抜粋・要約）

たいへん興味深い内容ですが、ここには、銅剣、銅鐸、銅矛の歴史上の意義や意味といったものがありません。

特に、三五八本という大量の銅剣が埋められていたこと、そしてその内の三四四本には×印がついていたことについての歴史的な分析と整理がまったくありません。

これは、二〇一二年（平成二四年）に京都国立博物館で開催された〈古事記一三〇〇年・出雲大社大遷宮 特別展覧会「大出雲展」〉においても感じたことです。

大出雲展では『古事記』にまつわる史料と荒神谷遺跡出土品をはじめとする出雲の考古学的発見とが共に展示されましたから、神話と考古学とがいよいよ結合した日本の歴史学の新たな進展が見られるかと期待しました。

しかし、神話は神話、考古学は考古学というポジションは頑なに崩されることなく、平行線をたどるのみでした。

無視され続ける「国譲り神話」

荒神谷遺跡から大量の銅剣、銅鐸、銅矛が出土してから三〇年以上が経ちます。

しかし、アカデミズムにおいては、未だにそれらの考古学的出土品は、どこどこで造られた、あるいはどこどこを行き来したといった具合に、モノとして語られるのみです。

一遺跡から銅剣が三五八本出土する、その内の三四四本に×印が刻まれている、などというのは、きわめて例外的なことです。

その例外的な出来事が、出雲大社の近くの荒神谷遺跡で起こりました。

そして、日本神話には、出雲大社が祭神とする大国主神が、それまで自らが治めていた日本列島を天照大神の子孫たちに譲った、という国譲り神話があります。

関係性を問わない方がおかしいと思うのが普通です。

しかし、例外的な出土品が出た、考古学上の大発見だということだけで日本のアカデミズムは満足します。関心と興味を高め、解釈を深めるという、学問の根本的な態度を見せません。

事実を特殊化して物語化するのが歴史のはずです。

しかし、その本来の歴史学のあり方が完全に否定、あるいは無視されたまま語られているのが、現在の日本の、特にいわゆる古代史と呼ばれている歴史です。

唯物史観が支配する戦後の学会

たとえば出雲の荒神谷遺跡出土品について、日本の学会が、例外的な出土品が出た、考古学上の大発見だということだけで満足するのには理由があります。

あえて、「いまだに一部の」と言っておきますが、私をはじめとする、日本神話は歴史的事実の記憶であるとして歴史研究を進める学者の論説をわずかでも参照すれば、戦後日本のアカデミズムに狂いが生じるからです。

戦後日本の歴史学会は、マルクス主義系の歴史家たちが支配してきました。

唯物史観と呼ばれますが、歴史はすべて階級闘争によって動いてきたし今後も動いていく、とする歴史観が戦後日本の歴史学会の主流です。上の階級にいる、いわゆる権力者は常に悪であり、下の階級にいるものは常にそれと闘争する、つまり権力闘争こそが歴史だ、とする歴史観です。

マルクス主義系の歴史家たちは、神話を、戦前の日本の皇国史観につながるものとして意識的に排除してきました。

いわゆる古代史においては、考古学の成果、つまり発掘されたモノのあり方だけを中心にして歴史を語ることこそが客観的な歴史だとされました。神話については、積極的に無視されてきたのです。

戦前からの日本古代史研究者で、戦後、東京大学史料編纂所所長としてその復興にも尽力した坂本太郎東京大学・國學院大學名誉教授は、こんなことをいっておられます。

《今日の教科書は全部、考古学の編年によって、無土器文化、縄文・弥生・古墳文化というぐあいに日本の原始古代を説明していますから、ここへ神話を入れてしまうと、せっかく立てたものが崩れてしまう、と恐れる人がいます。しかしながら、決して恐れる必要はない、両立できると思うのです。いわゆる考古学的な立場から、すなわち遺物のほうからいえば、それが示すようなことになるであろう。一方、われわれの先祖が考えた日本国家の成立と過程、あるいは日本人の由来についての考え方というのは、こういうものだ、ということで説明すればいいのでありまして、矛盾撞着にはならないと思います》

（『日本歴史の特性』講談社学術文庫、一九八六年）

ずいぶん物腰の柔らかな言い方ですが、坂本名誉教授は、「考古学だけでは日本の国家の成立を解き明かすことはできない」と断言しています。

つまり、考古学者は遺跡の調査さえしていれば歴史は明らかになると思い込んでいるけれども、歴史家の方は考古学調査だけではすべてはわからないと考えている、ということです。

ただし、私には、いわゆる歴史家の言い分にもいささか疑問があります。

多くの歴史学者は、いくら発掘したところで文字資料がない限り何もならない、文字資料の裏づけがない限りその出土品が何であるかはわからない、とします。発掘は無駄ごとだ、とさえ言う歴史学者もいます。

神話学と歴史学と考古学を結合して、歴史というもの全体を考えようという姿勢が、今のアカデミズムにはありません。

文字資料主義、文献主義

日本は、考古学的発見のきわめて豊かな国です。しかし、日本は無文字時代が長く続いたため、考古学的発見の内容を裏付ける文字資料がありません。

日本の歴史学会は、ひたすらに、文字資料主義、文献主義です。

そのために、従来のいわゆる日本古代史からは豊かさというものが削がれてしまっている、と私は思います。

たとえば、三世紀頃の日本について、日本の歴史学者は「魏志倭人伝」の、全部で約二〇〇〇文字、現代の四〇〇字詰め原稿用紙にしてわずか約五枚の文章をもって語ります。「魏志倭人伝」は、中国で三世紀頃に編纂された歴史書とされている『三国志』の一部分です。

なぜ「魏志倭人伝」をもって語るかというと、これ以外に当時のことを書いた文献がないからです。

そして、ここに書かれている内容をまず事実として考えることから研究が始まります。文献がなければ、日本の歴史学会は、歴史として認めません。

「魏志倭人伝」には、ご存じの方も多いと思いますが、卑弥呼や邪馬台国が登場します。これに書かれていることを根拠に、日本は邪馬台国から始まった、卑弥呼は日本初の女王である、などとさえ言われてきました。

私は『邪馬台国は存在しなかった』（勉誠出版、二〇一九年）という著書をまとめて、邪馬台国も卑弥呼も存在しなかった、と結論づけました。興味があればぜひお読みいただきたいと思いますが、『古事記』にも『日本書紀』にも『風土記』にも、邪馬台国も卑弥呼も、また、それを思わせるような人物も場所も出てこないこと、そして、なにより「卑弥呼神社」と呼べるような神社が、近年に郷土歴史家が私設したもの以外、ひとつも存在しないことなどを根拠として実証しました。

邪馬台国については、どこにあった国か、などということがいまだに議論され研究され続けています。卑弥呼については、たとえば、神功皇后がその人だったなどといった類の話が尽きません。

そのような議論はまったく必要がないうえに不毛です。

邪馬台国も卑弥呼も存在しなかったのです。

「魏志倭人伝」など、陳寿という官僚が伝聞に伝聞を重ねて編纂した空想話に過ぎないのは、陳寿が自ら「参問」（伝聞）によって書き綴った、と書いてあることからしても明らかです。

『日本書紀』には確かに「魏志倭人伝」についての記述が神功皇后の条にあります。しかしそれは、正伝（本文）とは別扱いの補注として、「魏志倭人伝」にはこんなことが書かれてある、と触れてある程度のことです。

卑弥呼や邪馬台国という言葉はなく、つまり、『日本書紀』はこれを無視しています。それでも「魏志倭人伝」に触れているのは、『日本書紀』がレヴィ＝ストロースの言うように、まず学術的であることを編纂の趣旨としているからです。

「魏志倭人伝」が日本について書いているのは事実だが、その内容は日本の歴史にはあてはまらない、ということです。

そんな話をすると、『古事記』や『日本書紀』は天武天皇の命によって「王権」の都合のよいように書かれた歴史書なのだから卑弥呼や邪馬台国が無視されているのは当然だ、という声が聞こえてきそうです。

『古事記』や『日本書紀』が「王権」強固の目的で書かれた偽歴史書だというのは、日本の歴史学会が定説としようとしてきた説でもあります。

しかし、記紀に書かれている内容を裏付ける、雄略天皇の名が刻まれた鉄剣の出土をはじめとする考古学的な発見からも、この説はすでに否定されていると言っていいでしょう。比較神話学の指摘によれば、記紀には世界の神話と共通する要素がある、つまり、一方的な改ざんの痕跡は見られないとされ、内容も意図的ではなく、皇室や藤原家の擁護論ではないことも明らかです。

モノを見る目、カタチを語る自信

「魏志倭人伝」にまつわるさまざまなこと、特に卑弥呼や邪馬台国についての議論が相変わらず何も進展を見せず、いまだに時にお祭り騒ぎのようにマスコミに話題にされるくらいのものでしかないことは、文献主義による学問の退廃の代表例です。

今の学会は、モノを見る目を失っています。カタチを見て物事を分析する自信も教養もないということです。

好奇心に満ちて想像力を働かせ、文字資料ではまかないきれない内容を豊かにまとめ上げていくという、本来の学問の姿勢を失っています。これはまた、戦後の学会を支配するマルクス主義の学者たちによって、故意に排除されたことでもあります。

私は二〇一九年に『発見！ユダヤ人埴輪の謎を解く』（勉誠出版）を発刊しました。どう見てもユダヤ人を象ったとしか思えない、そのようにしか見えない埴輪について検証し、古来、日本にユダヤ系の人々が渡ってきていた可能性について論じた本です。

ユダヤ人が日本に来ていた、などという文字資料や文献は存在しません。

文献主義に則れば、ユダヤ人が日本に来ていた可能性、それが日本という国に及ぼした影響などについてはひとことたりとも論じることはできません。

しかし、従来「武人埴輪」とだけ呼ばれてきた埴輪を見れば、そのカタチ、帽子をはじめとする服飾の様子、髪の様子、鼻の形状などから、ユダヤ人である可能性を考えないほうが不自然です。

学会の主流がそれについて何も言及しないのは、モノが発信している情報を受けとるだけの自信も力もないとしか言いようがありません。

そして、そこには、もしそれを受け入れれば戦後のアカデミズムが崩れてしまうという保身の意思が働いていることも間違いないでしょう。今の学会は、唯物史観の論陣としてもすっかり退化してしまっているのです。

学問の世界でも政治の世界でも多文化主義に立つことが重要だと言われはじめて数十年が経ちます。

多文化主義は、マルクス主義から発生した、過剰なまでに対等を叫ぶ批判運動用の思想です。誰も否定できないであろう対等あるいは平等という美名を盾にすることであらゆるものごとに対しての批判を可能にする、伝統的な革命方法論です。

批判に終始する多文化主義は、知性の後退を生みます。

たとえばユダヤ人という言葉を出しただけで、アカデミズムは拒否反応を起こし、そのまま思考を停止します。

また、多文化主義の学問的方法論として現代アカデミズムの主流となっているカルチュラル・スタディーズは、特に政治的な対等性・平等性を過剰に求めるあまり、関係性や構造といったモノそのものの分析に終始します。

カルチュラル・スタディーズは、あえて、その奥にある本質的な意味や意義の追求を行いません。今のアカデミズムが、出雲の荒神谷遺跡から出土した大量の銅剣をモノとしてしか語れないのはそのためです。

考古学的大発見とだけ称されることで済まされている、荒神谷遺跡の銅剣三五八本。

比較的短期間に製作されて埋められた証拠とだけ語られる、その内の三四四本に刻まれた×印。

これらが「国譲り神話」とどのような関係を持っているのか、神話と考古学的発見との結合によって「国譲り神話」がどれだけ豊かで血肉のついた歴史として語られる可能性を持っているものなのか、これからじっくりお話ししていきたいと思います。

第一章　「国譲り神話」と出雲の銅剣

「国譲り神話」の主要登場神

まず、「国譲り神話」とはどのような神話なのか、その内容を整理しておきましょう。

西暦七一二年に成立したとされている『古事記』と、七二〇年に成立したとされている『日本書紀』とでは、大筋で変わることはありませんが、細かいところが少々違っています。

主要登場神は次の通りです。

【天照大神《アマテラスオオミカミ》】

イザナギが生んだ諸神の中でも特に尊いとされる三姉弟神の一神（他はツクヨミとスサノオ）。イザナギに、高天原を治めなさいと命じられた、高天原の主神です。

【高御産巣日神《タカミムスビノカミ》】

高木神《タカギノカミ》という名でも登場。『日本書紀』では高皇産霊尊と書かれています。天地開闢の際、高天原に二番目に成った神です。高天原の総司令官のような役割を果たしている存在です。

【大国主神《オオクニヌシノカミ》】

『日本書紀』では大己貴神《オオアナムチノカミ》という名で登場します。『古事記』によればスサノオの六世の孫、『日本書紀』によればスサノオの息子です。葦原中国を造った神で、『古事記』にも『日本書紀』にも「大国主の国づくり」神話があります。『日本書紀』には、人民と家畜のために病気治療の方法を定め、鳥獣や昆虫の災いを除くためにまじないの法を定めた、とあります。大国主神のように葦原中国を主要な活動の場としている神々を「国神《くにつかみ》」、天照大神をはじめ高天原の神々を「天神《あまつかみ》」といいます。

【建御雷男神《タケミカヅチノオノカミ》】

葦原中国は高天原の皇孫が治めるべきだとする国譲りの折衝のために出雲に派遣される神です。『日本書紀』では武甕槌神と書かれています。雷神、また剣の神として後世語り継がれている神です。

【経津主神《フツヌシノカミ》】

国譲りの折衝のために出雲に派遣される神です。ただし、『古事記』には登場しません。イザナギが十握剣《とつかのつるぎ》で火の神カグツチを斬った時、滴った血が固まって天の安河のほとりの五百箇磐石《イオツイワムラ》となりますが、それが経津主神の祖であるとされています。建御雷男神と同じく、剣にたいへん関係の深い神です。

【事代主神《コトシロヌシノカミ》】
大国主神の子です。国譲りの折衝に来た高天原からの使者に対して、たいへん従順に応対します。

【建御名方神《タケミナカタノカミ》】
大国主神の子ですが、こちらは『日本書紀』には登場しません。高天原の使者に対して当初は抗いますが、最終的には従います。建御雷男神との力くらべは、相撲の起源のひとつともされています。

この中で、特に注意して、ぜひ覚えておいていただきたいのは、建御雷男神＝タケミカヅチと、経津主神＝フツヌシです。
タケミカヅチは、茨城県にある鹿島神宮の祭神です。フツヌシは、鹿島神宮から二〇キロメートルほどの近くにある千葉県・香取神宮の祭神です。ともに関東に関わりの深い、正しく言えば関東こその神であったタケミカヅチとフツヌシが国譲りでたいへん重い使命を果たしています。

『古事記』も『日本書紀』も、西日本、とりわけ近畿地方の出来事を中心に書いていますから、多くの人は、日本という国の発祥は西日本にあるとイメージしがちです。「大和」というイメージです。

しかしそれは、まさにイメージでしかありません。

タケミカヅチを祀る鹿島神宮もフツヌシを祀る香取神宮も、伊勢神宮（神宮）よりはるかに長い歴史を持つ神社であり、平安時代の行政細則『延喜式』に掲載されている全国の神社一覧リスト「延喜式神名帳」を見ると、「神宮」の称号が許されているのは、伊勢神宮と、そして鹿島神宮、香取神宮の三つだけだったことがわかります。

当時の人々は、自分たちにとって重要な世界が関東にあるということをちゃんと知っていた、ということです。国の根幹に関わる歴史が関東にあるということは常識的なことだったから、あえて『古事記』にも『日本書紀』にも、関東というエリアを意識した記述がないだけの話です。

書かれていないことの重要性がもっと研究されるべきでしょう。そしてまた、明確に書かれていないとはいえ、国譲り神話ひとつをとっても、関東の重要性は、記紀の記述の中に垣間見えているのです。

これらは、次の章での大きなテーマとなります。その前提知識として、今は、国譲り神話の内容を見ていくことにしましょう。

『古事記』の国譲り神話

『古事記』の国譲り神話は、たいへんドラマティックで、物語性の高い神話です。要所要所で剣がたいへん重要な役割を果たすことに注意しておいていただければと思います。

① 天照大御神が「葦原水穂国は、私の御子である正勝吾勝勝速日天忍穂耳命《マサカツアカツカチハヤヒアメノオシホミミノミコト》が治めるべき国である」と言い、忍穂耳命を高天原から降す。忍穂耳命は天の浮橋から見下ろして、「葦原水穂国はひどくさわがしい」と報告。

② 高御産巣日神《タカミムスビノカミ》と天照大御神が八百万の神々を集め、乱暴な土着の神が暴威を振るっているらしい葦原中国に、どの神を派遣すべきかを会議。思金神《オモイカネノカミ》と神々の推薦で菩比神《ホヒノカミ》を遣わすことになったが、菩比神は大国主神《オオクニヌシノカミ》にへつらってしまい、三年間、連絡もしてこない。

③ 高御産巣日神と天照大御神は八百万の神々とふたたび会議。天津国玉神《アマツクニダマノカミ》の子、天若《アメノワカ》

日子《ヒコ》を遣わすことになる。立派な弓矢を与えて遣わしたが、天若日子は、大国主神の娘・下照比売《シタテルヒメ》を妻とし、八年間、連絡してこない。葦原中国を手中に収めるつもりのようでもある。

④　高御産巣日神と天照大御神は八百万の神々とふたたび会議。思金神の提案で雉名鳴女《キギシナナキメ》という雉を派遣し、天若日子に真意を尋ねさせる。天の探女《サグメ》という女にそそのかされて、天若日子は賜った弓矢、天の波士弓《はじゆみ》と天の加久矢《かくや》で雉名鳴女を射殺。矢は雉の胸を突き抜けて、血のついたまま、天照大御神と高木神《タカギノカミ》（高御産巣日神の別名）のもとに届く。高木神は、「命令通りに乱暴な神を討つために射た矢なら、天若日子には当たらない。不届きな心で射たものなら、天若日子は死んでしまえ」と言って矢を投げ返す。天若日子はその矢で死んでしまう。

⑤　天若日子の死を悲しむ妻・下照比売の鳴き声が天に聞こえる。天若日子の父である天津国玉神《アマツクニダマノカミ》らが下りてきて喪屋を作り、八日八夜、歌舞に遊ぶ。そこに天若日子によく似た阿遅志貴高日子根神《アジシキタカヒコネノカミ》が現れ、見間違えた一堂がその手足に取りすがる。阿遅志貴高日子根神は、「汚い死人と私とを比べるとは何事か」と言い、大量《おおはかり》または神度《かんど》の剣とも呼ばれる大刀を引き抜いて喪屋を破壊する。

⑥　天照大御神はふたたび、八百万の神々にどの神を遣わすべきか相談する。思金神と

神々は「伊都尾羽張神《イツノオハバリノカミ》か、その子の建御雷男神《タケミカヅチノオノカミ》がよい」と推薦。伊都尾羽張神は、天の安河の河上にある天の岩屋に、水を逆さまにせき上げて道を塞いで暮らしている神。その道を踏破できる、鹿の神霊とされている迦久神を遣わすと、伊都尾羽張神は「子の建御雷にやらせましょう」と快諾する。

⑦ 建御雷《タケミカヅチ》は天鳥船《アメノトリフネ》を従えて、出雲の国の伊耶佐《いざさ》の小浜に降り着く。建御雷は十掬剣《とつかのつるぎ》を引き抜いて波の上に逆さまに立て、その切っ先にあぐらをかくと、大国主神に「天照大御神と高木神の遣いで来た。この葦原中国は我が御子の治めるべき国であるとの仰せだ。どう思う？」と告げる。

⑧ 大国主神は「私は何も言えない。息子の事代主神《コトシロヌシノカミ》が答えるべき案件だが、鳥や魚の漁に出ていて不在だ」と返答。建御雷は天鳥船を遣わして事代主を呼び寄せると、事代主は父・大国主神に「この国は謹んで天の御子に献上なさいませ」と言って鎮まる。

⑨ 「他に問題となる子はいるか」と建御雷。「あとは建御名方神《タケミナカタノカミ》」と大国主神。そこに建御名方が大きな石を振りかぶりながらやってきて「私の国にやってきてひそひそ話をするな。力くらべをしよう」と言う。腕をつかまれた建御雷は、建御名方の手を氷のつららのように、また、剣のように変えてしまう。建御雷は建御名方を、若い葦

でも摘むように投げ打つ。建御名方は、信濃の国の諏訪へと逃亡。諏訪の湖に追い詰められ殺されかけた建御名方は「もうここからはどこにも行かない。父の言葉にも背かない。葦原中国は、仰せのまま、天の御子に献上する」と言う。

⑩　建御雷は出雲に戻り、大国主神に確認をとる。大国主神は「二人の子の言う通りに、葦原中国は天の御子に献上する。その代わり、私の住む所を、天の御子の壮大な御殿と同じように、柱を太く立て、大空に棟木を高くあげてつくってほしい。私はそこに引っ込む。子は他に一八〇神いるが、事代主神を指導者として必ず従う」と言う。大国主神のために、出雲国の多芸志《たぎし》の小浜に御殿が建てられ、たくさんのご馳走も用意された。かくして建御雷は天へと戻り、葦原中国の平定を報告した。

『日本書紀』の国譲り神話

『日本書紀』の国譲り神話においても、剣がたいへん重要な役割を果たします。また、矛が統治・平定のシンボルとして語られるシーンもあります。

なお、『日本書紀』の特に神代の巻では、正伝（本文）に続いて、「一書に曰く」というかたちで、他の史資料からの異伝が追補されており、最大一一書からの追補がなされています。

これは、いかに『日本書紀』が学究的な書物であるかの証でもあります。わが国最古の公式歴史書が、きわめて真摯な学問的態度で編纂された書であるということは、間違いなく日本の誇りのひとつとして記憶されていいでしょう。

正伝（本文）

①天照大神の子・正哉《マサカ》吾勝勝速日《アカツカチハヤヒ》天忍穂耳尊《アメノオシホミミノミコト》は、高皇産霊尊《タカミムスビノミコト》の娘・栲幡千千姫《タクハタチヂヒメ》と結婚し、子・天津彦彦火瓊瓊杵尊《アマツヒコヒコホノニニギノミコト》をもうける。皇祖である高皇産霊尊は孫の瓊瓊杵尊《ニニギノミコト》をたいへん可愛がり、葦原中国の君主にしようと考えた。

②しかし、葦原中国は、蛍火のように輝く神や蝿のように騒がしい神がいて、草木も物を言うような国。高皇産霊尊は、葦原中国を平定するために誰を遣わしたらよいか、もろもろの神を集めて会議を開く。

③まず、天穂日命《アマノホヒノミコト》を派遣することになったが、大己貴神《オオアナムチノカミ》（『古事記』で言う大国主神）におもねって三年たっても帰ってこない。その子の大背飯三熊之大人《オオソビノミクマノウシ》を遣わしたが、父と同様。高皇産霊尊はあらためて会議を開き、天稚彦《アメワカヒコ》を、天鹿児弓《あまのかごゆみ》と天羽羽矢《あまのははや》を持たせて遣わすことになる。天稚彦は大己貴神の娘・下照姫《シタテルヒメ》を妻とし、「私も葦原中国を治める」と言って帰ってこない。

④高皇産霊尊は無名雉《ななしきぎし》という雉を遣わして事情を探る。天探女《あめのさぐめ》が雉がいることを知らせると、天稚彦は天鹿児弓と天羽羽矢で射殺。矢は天の高皇産霊尊のもとに届いた。高皇産霊尊は矢に血がついているのを見て「きっと国神《くにつかみ》と闘ったのだろう」と言い、矢を投げ返し、天稚彦はその矢に射られて死ぬ。

⑤天稚彦の妻・下照姫の悲しむ声が天に届く。天稚彦の父・天国玉神《アマツクニタマノカミ》が疾風《はやて》を遣わして死体を天に運ばせ、喪屋を作って殯《もがり》を行う。そこに、葦原中国から、天稚彦によく似た味耜高彦根神《アジスキタカヒコネノカミ》が弔いに来る。見間違えて衣服にすがる親族たちに対して味耜高彦根神は「けがれるのもいとわずやってきたのに、死人と間違えるとは」と言い、大きな刀を引き抜いて喪屋を切り倒す。

⑥高皇産霊尊はふたたび会議を開く。磐裂根裂神《イワサクネサクノカミ》の子で、磐筒男《イワツツノオ》・磐筒女《イワツツノメ》の子、経津主神《フツヌシノカミ》が推薦される。その時、天石屋に住む稜威雄走神《イツノオハシリノカミ》の子の甕速日神《ミカハヤヒノカミ》の子の熯《ヒノ》速日神《ハヤヒノカミ》の子である武甕槌神《タケミカヅチノカミ》が、「経津主神だけが丈夫《ますらお》ではないぞ」と進み出る。葦原中国には、経津主神と武甕槌神が遣わされることになった。

⑦経津主神と武甕槌神は出雲の国の五十田狭《いたさ》の小汀《おはま》に降り到る。十握剣《とつかのつるぎ》を抜いて大地に逆さに突き立て、その剣先に膝を立てて座り、大己貴神に、「高皇産霊尊が皇孫を降らせてこの地に君臨しようと考え、我らを遣わした。譲るか？」と問う。大己貴

神は「わが子と相談する」と答える。

⑧　その時、大己貴神の子の事代主神《コトシロノヌシノカミ》は出雲国の美保の崎で魚釣中。鳥射ち中だったともいう。経津主神と武甕槌神は、使者の稲背脛《いなせはぎ》を熊野の諸手船に乗せて事代主神のもとへ遣わす。事代主神は「天神《あまつかみ》の仰せに逆らわないほうがいい」と言い、海中に退去する。

⑨　大己貴神は「私も去ることにする。私が抵抗すれば国中の神々も同じように戦うだろうが、私が身を引けば従わない者はいないはずだ」と言う。大己貴神は、かつて自らが葦原中国を平定した時に使った広矛《ひろほこ》を経津主神と武甕槌神に渡し、「天孫がこの矛をもって臨まれれば、国は必ず平安になるだろう」と言い、隠れ去った。

⑩　経津主神と武甕槌神はいまだ従わない神たちを誅していく。また、経津主神と武甕槌神は邪神や草木、石に至るまで平定し、最後まで抗った星の神の香香背男《カカセオ》には建葉槌命《タケハツチノミコト》を遣わして誅した、ともされる。かくして経津主神と武甕槌神は天へと戻った。

異伝（一書）

①　天照大神が天稚彦に「豊葦原中国は、わが子が王《きみ》たるべき国だが、凶暴な悪い神がいる。まずあなたが行って平定しなさい」と告げる。天鹿児弓と天真鹿児弓を授かっ

て遣わされた天稚彦だったが、国神《くにつかみ》の娘をたくさん娶り、八年間、帰ってこない。

②天照大神が思兼神《オモイカネノカミ》を呼んで相談。雉子《きぎし》を遣わして事情を問うのがいいだろうということになる。天探女という国神《くにつかみ》に「鳴き声の悪い鳥がいる。殺してしまいなさい」と言われるまま天稚彦は天鹿児弓と天真鹿児弓で雉子を射殺。矢は天上の天神《あまつかみ》のもとへ届いた。

③天神はいぶかしみ、呪いの言葉をかけて「悪い心をもって射たのなら天稚彦は災難に遭う。清い心をもって射たのなら無事だろう」と言い、矢を投げ返す。天稚彦は射抜かれて死ぬ。

④天稚彦の妻子が天から降り、棺を持って上り、天上に喪屋を作って殯を行う。天稚彦によく似た味耜高彦根神が弔いに来る。見間違えてすがりつく親族たち。味耜高彦根神は「なぜ死人と間違えるのだ」と言い、十握《とつか》の剣と呼ばれる大きな刀を引き抜いて喪屋を切り倒した。

⑤天照大神は、思兼神の妹・万幡豊秋津媛命《ヨロズハタトヨアキツシヒメ》を正哉吾勝勝速日天忍穂耳尊《マサカアカツカチハヤヒアマノオシホミミノミコト》に娶らせ、葦原中国に降ろす算段をつけていた。勝速日天忍穂耳尊は天浮橋から見下ろし、「まだ平定されていない。気が進まない」と言って戻り、報告する。天照大神は、武甕槌神と経津主神を葦原中国に遣わす。

⑥ 武甕槌神と経津主神は出雲に降り、大己貴神に「この国を天神に奉る気はあるのかないのか」と問う。大己貴神が、三津の崎に鳥射ちに行っている子の事代主のもとに使いを送って訪ねたところ、「天神の望まれるのを奉らないわけがない」とのこと。大己貴神はその通り、武甕槌神と経津主神に知らせる。かくして、武甕槌神と経津主神は天に上り戻って、「葦原中国は平定しました」と報告する。

異伝（二書）

① 天神から葦原中国平定の命を受けた経津主神と武甕槌神は、「天に天津甕星《アマツミカホシ》、またの名を天香香背男《アマノカカセオ》という悪い神がいる。まずはこの神を取り除いてほしい。それから葦原中国に降りたい」と言う。甕星を征した斎《いわい》の大人《うし》と呼ばれる神はいま、東国《あずま》の檝《か》取《とり》の地にいる。

② 経津主神と武甕槌神は出雲の五十田狭《いちさ》の小汀《おはま》に降り、大己貴神に「この国を天神に奉るかどうか」と問う。大己貴神は「あなたたちはあやしい。ここは私がもとから居たところだ。許すことはできない」と言う。経津主神と武甕槌神はいったん天に戻り、高皇産霊尊に報告。ふたたび遣わされて、大己貴神に、高皇産霊尊の勅として「あなたの言うことはもっともだ。条件を言おう。あなたがいま行っている現世の政治は皇

孫が行う。あなたは幽界へ行き、神事を受け持ってください。あなたが住む宮居は、柱は高く太く、板は広く厚くしてしっかりとつくる。供田《みた》もつくる。海に来た時のために橋も船もつくる。天の安河に取り外しのできる橋もつくる。幾重にも革を縫い合わせた白盾もつくる。あなたの祭祀については、天穂日命《アメノホヒノミコト》が担当する」と伝える。大己貴神は、「天神の条件はこれほどに行き届いている。どうして仰せに従わないことがあろうか」と言い、岐の神《フナトノカミ》を経津主神と武甕槌神に与え、隠れた。

③経津主神は岐の神に先導させて各地を平定。この時に帰順した国神の首長が、大物主《オオモノヌシノカミ》神と事代主神《コトシロヌシノカミ》。大物主神と事代主神は八十万神を率いて天に上り、誠の心を披瀝した。

異伝（二書）が伝える国譲り神話は、とても興味深いと思います。国譲りが、力によって奪い取るようなものではなかったことが端的に語られているからです。大己貴神は、葦原中国は自らが築き上げた国であり、現在も統治を続けている国であるから、譲るいわれはないと堂々と主張します。

かたや高天原は、その正当性をちゃんと認め、今後の統治計画を提案し、大己貴神が得るべき見返りについて具体的に列挙して折衝にあたっています。

こうした、きわめて現実的で常識的な、近代的な意味においての外交の概念さえ登場するのが日本の神話というものです。

出雲での考古学的新発見

こうした内容を持つ「国譲り神話」の舞台となった出雲の地で、一九八四年（昭和五九年）に戦後考古学の一大発見とされる遺物が出土しました。

神話の中では国譲りの代償として造営されたと考えられる出雲大社の近くにおいて調査が開始された荒神谷遺跡から、銅剣三五八本、銅鐸六個、銅矛一六本が発見されました。

すでに述べましたが、それまでに全国で出土していたすべての銅剣の数を合わせても約三〇〇本です。それ以上の数の銅剣が一箇所から出土したということで、出雲という地域の再評価が進みました。

まさに国譲り神話に血肉がついたと言うことができるのですが、結論を急がずに、まずは発見された遺物の考古学的な情報を整理していきましょう。

出雲については近年、重要な考古学的発見が続々となされているのです。

整然と並べられていた銅剣

荒神谷遺跡の銅剣三五八本は、丘陵の斜面が上下二段に加工されたうちの下の段に、刃を起こした状態で四列に並べて埋められていました（図1）。

すべて、研究用語で中細型c類と呼ばれているもので、長さは五〇センチメートル前後、重さ五〇〇グラムあまりに統一されています。研究調査は、製作年代を、弥生時代中期後半としています。

日本におけるこうした形式の銅剣の分布状況を見ると他地域にあまり例がなく、運び込まれたものではなくて、出雲で製作された可能性が高いとされています。

ただし、鋳型は発見されていません。形式が単一なので、少なくとも同じ地域で製作された銅剣であることは間違いないだろうと考えられています。

刀の、握りがついて隠れてしまう部分を茎《なかご》と言いますが、三五八本の内の三四四本の茎には、タガネ状の工具で刻まれた×印がついていました。鋳造後に施されたものです。

このような印は、その後、荒神谷遺跡から南東四キロメートルほどの位置にある加茂岩倉遺跡から一九九六〜九七年（平成八〜九年）の調査で出土した銅鐸でのみ確認されているだけです。荒神谷遺跡と加茂岩倉遺跡とは、おそらく深い関係にあります。

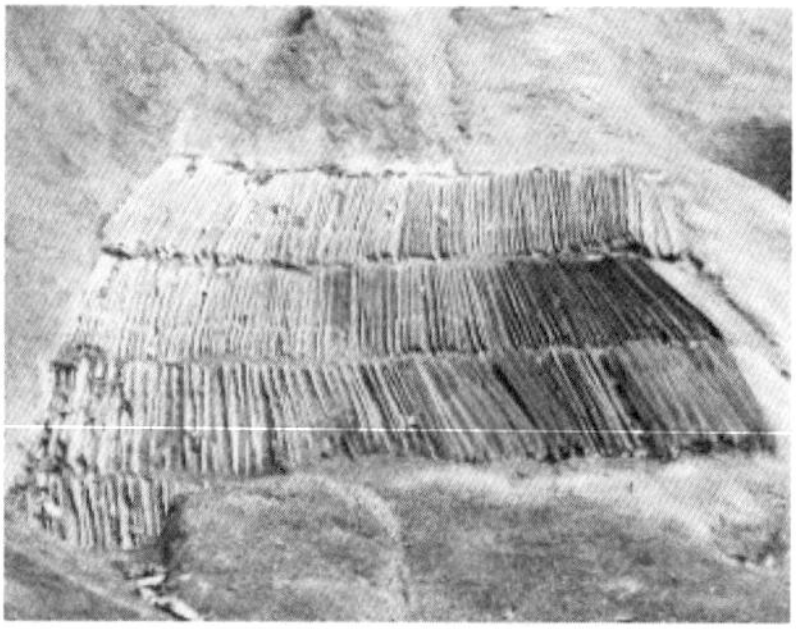

図1-1　荒神谷遺跡からの発掘された銅剣

図1-3　荒神谷遺跡から
出土した銅剣

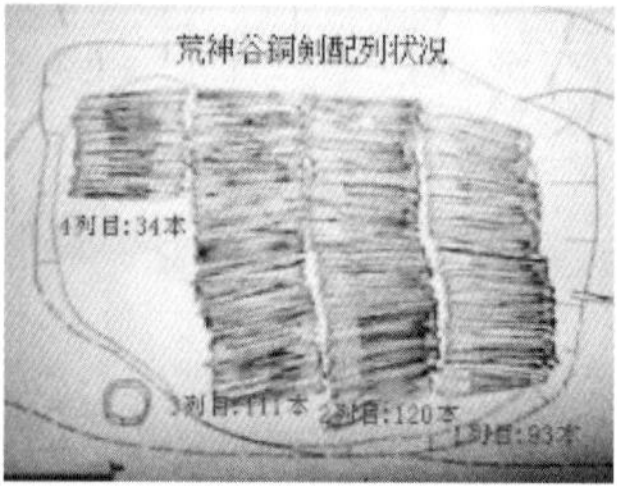

図1-2　荒神谷銅剣配列状況

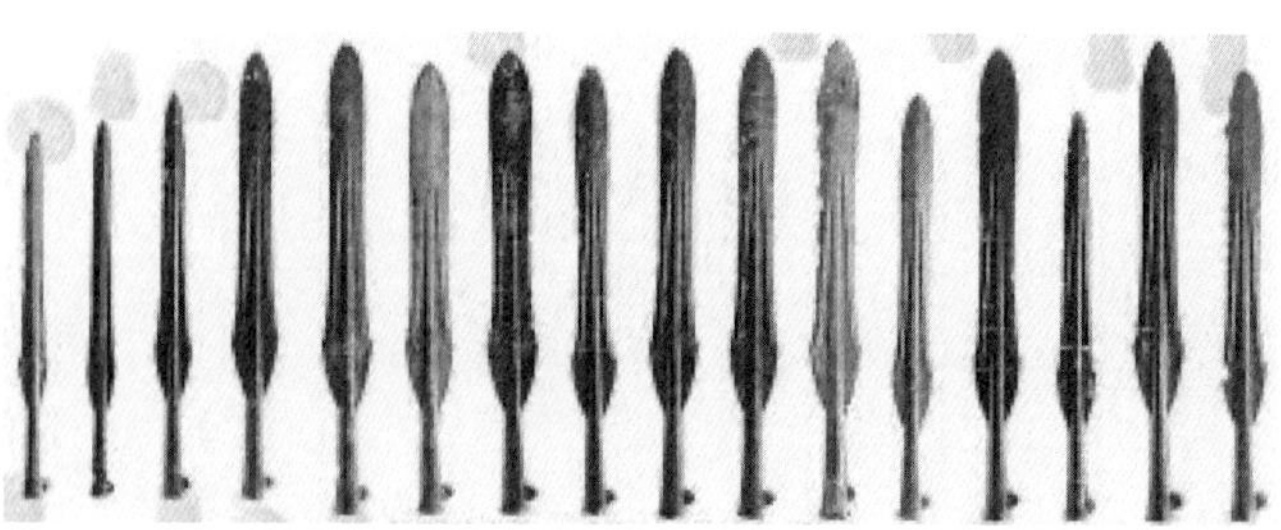

図1-4　荒神谷遺跡から出土した銅矛

図1-5　荒神谷遺跡から出土した銅剣の×□点

北部九州産とも見られる銅鐸

銅鐸六個は、銅剣出土地点から七メートルほど谷奥へ行った地点で発見されました。銅鐸を吊り下げる部分を鈕《ちゅう》と言いますが、それを向かい合わせるかたちで二列に並べられていました。

分類としては、最古の形式とされるI式が一個と、それよりやや新しいII式が一個、外縁付I式が三個出土しました。

製作時期は弥生時代前記末から中期中頃の間だとされていますが、これらの形式から、これらの銅鐸が造られたのは、銅鐸の鋳型の全国分布から考えて、近畿においてだろうと考えられています。ただし、加茂岩倉遺跡から発見された三九個の銅鐸との関係性から、北部九州製の可能性もあるとされています。

銅鐸六個はいずれも高さ約二〇センチメートルに統一されています。六個の内の一号銅鐸は独特で、人の目と鼻などが描かれた、広島県の福田遺跡での出土で知られる「邪視文銅鐸」との類似性が指摘されています。

二号銅鐸は、京都市左京区梅ケ畑遺跡の四号銅鐸と同笵《どうはん》、つまり同じ鋳型から造られたものと判明しました。三号銅鐸は、徳島県で出土したと伝えられている銅鐸と同笵です。五号銅鐸は日本最古の銅鐸のひとつと考えられ、次に古いものが四号銅鐸です。

銅製品の大量加工製造地域としての可能性

銅矛一六本は、すべて刃を起こし、矛先が交互になるように揃えて並べられていました。その横に、銅鐸六個が置かれていました。まさしく魚のヒレのように見える部分を銅鐸の鰭と言いますが、古来、青銅器を扱う人々が、銅矛の刃と銅鐸の鰭を立てて丁寧に並べる習慣を持っていたことを示しています。

分類としては、諸説ありますが、大きく、中広形が一四本と中細形二本に分けられます。製作時期は銅剣とほぼ同じか、わずか後の時期。一六本とも、北部九州で製作されたものと考えられています。北部九州産の青銅器によく見られる綾杉状の装飾がありました。

中国地方、特に島根県は古来、銅の産地として知られていました。また、松江市宍戸町から産出する凝灰質砂岩は来待石と呼ばれて今も有名ですが、古来、石材としてはもちろん、砥石としても利用されていました。

出雲は、原材料を集積して、銅剣、銅鐸、銅矛をはじめとする銅製品を大量に加工製造する地域として機能していたのではないかとする研究者もいます。

再評価される出雲の古墳

出雲の古墳といえば、松江市の山代二子塚古墳がよく知られています。この地域最大の古墳で全長約九四メートルあったと考えられていますが、それでも仁徳天皇陵が四八六メートル、岡山市の造山古墳が三六〇メートルあることとの比較で、やはり出雲の古墳というものは軽視されてきたのです。

そういった認識も、出雲市の西谷墳墓群の調査が進むにつれて変化してきています。二〇一八年（平成三〇年）までに、二七号までと番外五号までの三二基という数の墳墓、古墳、横穴墓が確認されているのです。

西谷墳墓群を構成するのは、四隅突出型墳丘墓と呼ばれる墳墓です（図2）。方形墳丘墓の四隅がやや突出した、特殊に形をした大型墳丘墓で、山陰地方から北陸富山まで分布します。

問題は、四隅突出型墳丘墓が造成された時代です。

四隅突出型墳丘墓の歴史は、三世紀に出現したと思われる前方後円墳から約二〇〇年さかのぼります。巨大で美しい古墳が非常に古くから造られていたことは、出雲を中心にして、日本海沿岸に確固とした勢力が存在し続けていたことを意味する、と考えられるようになりました。

山陰には他に、軍事施設と考えられている松江市の田和山遺跡、大規模集落遺跡である米子・大山町の妻木晩田遺跡、弥生文化をよく残している鳥取市の青谷上寺地遺跡など、近年、続々と発見されました。

弥生時代の山陰地方が、日本の歴史においてきわめて重要な地域であるだろうことは、すでに実証されているのです。

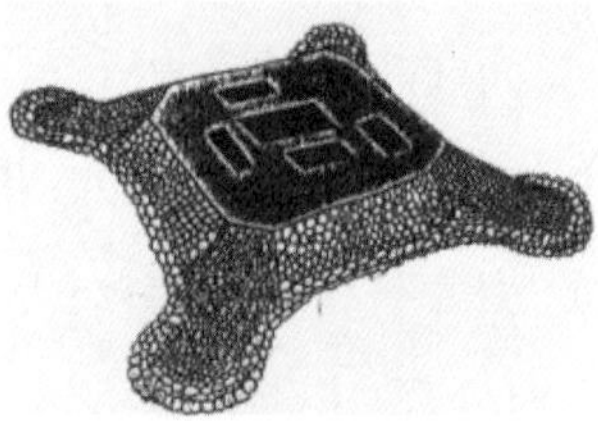
図2　復元された西3号墳

大国主神が望んだ神殿と出雲大社

二〇〇〇年（平成一二年）、前年から続いていた出雲大社の発掘調査が話題になりました。本殿遺構の柱材と考えられる、正面中央の棟持柱にあたる大きな柱が発見されたのです。杉の大材三本を合わせて一つの柱とした巨大柱でした。

調査によって、この柱は鎌倉時代の一二四八年（宇治二年）に遷宮された時の本殿の柱材であることが濃厚になりました。直径一一〇センチメートルもある杉の大材が三本も束

図4　出雲大社本殿の復元図

図3　発見された出雲大社本殿の大きな柱

ねられている柱です（図3）。

特に注目されたのは、この柱の構造が、もともとの出雲大社の平面図として伝わる「金輪御造営差図」にある表現と一致する、ということでした。

金輪御造営差図は、出雲大社宮司「千家」家に代々伝わる出雲大社本殿の設計図です。大木三本を一本の柱として組み、そうしてできた全九本の巨大柱が本殿を支える、としてあります（図4）。

現在の出雲大社の本殿は一七四四年（延享元年）に造営されたものです。高さ約二四メートルの本殿が今までに三度の修繕を受けて受け継がれています。金輪御造営差図は高さ九八メートルまでの可能性がある巨大建造物としての本殿を物語っていますが、その実在を証明する遺物が出土したわけです（図5）。

これが、出雲大社をして、国譲り神話に語られている大国主神が代償に望んだ大きな神殿を彷彿とさせることになりました。

近代伝統の『古事記』『日本書紀』ねつ造説

今まで見てきたような、新しく発見された一連の考古学的事実は、これまでの出雲に対する歴史的な見方を一気に変えました。ここ三〇年ほどの間の成果です。

記述が『古事記』の三分の一を占めているにも関わらず、出雲地方というのは、あたかも近畿・大和の中央朝廷と対立するひとつのフィクションとして存在する地域にすぎないと考えられてきました。

図5　現在の出雲大社御本殿

考古学的事実が希薄だったために、歴史上特別な意味を持つ地方である可能性が無視されてきたのです。

戦前から戦後にかけての歴史学会を代表する津田左右吉氏は、『古事記』と『日本書紀』の神話は大和朝廷の権力者がその権力を正当化するために作り上げたものだという有名なテーゼを出しました。

具体的に言えば、津田左右吉氏は、記紀ともに応神天皇以前の記事はすべて信用できない、としました。

その後、戦後は特に、多くの論説、出版物がこの説に追従しました。

とりわけ注目されるのは、歴史考察でも知られる哲学者の梅原猛氏が一九七〇年（昭和四五年）に発表した「神々の流竄」という論文です。

梅原氏は、国譲り神話は出雲の神話ではなく、大和の先住民の伝承が八世紀の律令国家形成期に特定の政治的意図をもって出雲に置き換えられたもの、と論説しました。出雲をひとつのフィクションとして用意して、朝廷と対立した大和の別勢力の歴史を都合よくねつ造して記述した、というのです。

これは、大和の王朝を中心として考え、出雲を統治したと語り継がれる大国主神については絵空事としてかたづけて都合の良い筋立てをする、まさに戦後の権力闘争史観の変種です。

そうした論説がまことしやかに世間を闊歩しているところに、一九八四年（昭和五九年）、出雲の荒神谷遺跡の刀剣三五八本の新発見がありました。

大いに潔いところだと評価しますが、梅原氏は、出雲はフィクションだとした自説を撤回し、出雲に王朝が実在したことを前提に論説を修正します。『葬られた王朝――古代出雲の謎を解く』（新潮社、二〇一〇年）にまとめられていますが、しかし、記紀の政治的改ざん説についてはまったく譲っていません。

梅原氏によれば、日本に律令制を導入した藤原不比等が記紀の編纂実務者です。不比等は、藤原氏が権力を維持し続けるために国譲り神話をはじめとする建国神話を改竄し、歴史の闇に葬った前政権の神々を鎮魂するために出雲大社の巨大本殿を建造した、というのです。

私からすれば、これもまた権力闘争史観に縛られた、あまりにも堅苦しい論説です。

荒神谷の出土品に関する研究者の考察

神話の中の歴史的事実という点では、自由な発想をする郷土史家の論説の方がよほど聞くべきところがあります。

たとえば、地元の中学校の校長も努めた郷土史家の池田敏雄氏は、荒神谷遺跡で刀剣が発見されてまもなく、国譲り神話との関係性を次のように論説していました。

《斐川町のもっとも東の端、つまり湯の川温泉の南上の方に、ひときわ目立つ山があります。出雲空港の方から見ると、まるで、山の頂上におわんの山をのせたような姿のめずらしい山です。この山を大黒山といい、見方によっては大黒様の形にも見えます。神代の昔、大黒さんといわれている大国主命がスクナビコナの神とこの山に登り、出雲の国に稲作をひろめたり、海のものを多くとったりして、国を豊かにしよう、と平野や内海をながめて相談なさったところ、とよくいわれます。この頂上にはおおきな岩がありますが、その岩が二神がお立ちになって国内をながめられたところと伝えられています。その近くには、大国主命や出雲の国づくりに協力された、スクナビコナの神のおまつりに兵主社があります。この山頂は急なため、雨のため土砂が流れると山が低くなるので、大国主命はたいへんお嘆きになるので、参拝する人は砂をもって登るのだそうです。そうするとふしぎにわざさいがなくなり、作物もよくできる、といういい伝えがあります。また次のようないい伝えもあります。神代の昔、大国主命はこの山にお住みになって、出雲の国づくりをなさり、出雲の国を治められていた。そして、子神であるタケミナカタの神に軍事をつかさどらせて、大国主命は安心して豊かな出雲の国をおつくりになった。タケミナカタの神の軍団のあったところを神々の場、つまり神場（神庭）といわれるようになった、というのです。少し飛躍しますが、神庭といえば弥生青銅器が大量に出土したところなのです。またタケミナカタの神は、最後まで出雲の国ゆずりに反対し、抵抗して戦った神様です。荒神谷から出土した銅剣、銅矛・銅鐸は、八千矛の神といわれた大国主命の神宝であって、それをうけついだタケミナカタの神が戦いに敗れて退くとき、再起のために一時的な隠匿と解釈することができます。タケミナカタの神を祭神としてまつる社が、荒神谷の出土地を取り囲むように、しかもこの付近だけに集中していることも、そのあかしとすることができるように思われます》

（池田敏雄「大黒山と荒神谷出土の青銅器」『斐川の地名散歩』斐川町役場、一九八七年）

荒神谷の銅剣とは何か、その意味を説明している、まことに郷土史家らしい見解だと思います。

在野の歴史研究者として知られる藤原としえ氏は、『抹殺された古代出雲王朝』（三一書房、一九九八年）で、池田氏とほぼ同一の見解を述べています。

藤原としえ氏は、《大国主命と息子の事代主は自殺し、出雲は混乱に陥り、実質的には滅亡に追い込まれたのであった。私見ではその時武器として製作しておいた銅剣を、みすみす敵の手に渡すことができないと、一時的に隠匿したものではないか》としています。また、池田氏の文章を引用しているものに、邪馬台国の研究家である安本美典氏の『邪馬台国と出雲神話』（勉誠出版、二〇〇四年）があります。

安本美典氏は池田氏の説を積極的に支持しているわけではなく、荒神谷の発見は神話に関係があるとは言いながら、《出雲勢力が邪馬台国勢力に屈服した結果、銅剣や銅鐸は、地中に埋められたままとなった》と、持論の邪馬台国九州説にひきこんで述べるにとどまっています。

これら、アカデミズムの外にいる人たちの意見には共通しているところがあります。出土した銅剣および銅矛は実際に使われる武器である、としている点です。戦闘のために用意され、タケミナカタの側が復讐のために隠匿したもの、と考えられています。

これらは武器ではなく、祭器だったとは考えられないでしょうか。

銅剣、銅矛は武器だったのか

私は、「国譲り神話」の論理にもっと合わせた、神話と考古学の結合の試みをしなければならないと考えています。

まず、荒神谷遺跡から出土した銅剣と銅矛が、実戦用なのか祭祀用なのかということを見ていきましょう。

実戦用であれば、復讐または反撃のために埋蔵されていたという説も成り立つでしょうが、祭器なのであれば、あくまでも祭祀用の象徴の品です。

荒神谷遺跡から出土した銅矛は、全長八〇センチメートルほどのものもあるとはいえ、武器として機能的ではありません。

愛媛大学の考古学者・吉田広氏によれば、銅矛の袋部の中には鋳造期の内型が抜かれないまま残っている、つまり、柄をつけるという用途が無視されています。刃も研ぎ出されてはおらず、矛として重要な先端も、刃端部が平らです。

そしてまた、研ぎ目の異なる砥石を使い分けたり、研ぎの方向を変えたりなどして、剣身の部分が矢羽状を呈しています。つまり、装飾に重きがおかれており、大型であるのも見栄えのためと考えられるのです。

こうした銅矛について、吉田氏は「実戦に不向きな銅矛」と題して次のように述べています。

《朝鮮半島から日本列島に伝わり、あまり時をおかない段階の細型銅矛がある。ところが、朝鮮半島出土の銅矛と比べて、大きさはほぼ違わないものの、身の厚みに大きな差がある。佐賀県の唐津市の宇木汲田遺跡の銅矛の厚みは、中心部の最も厚い部分でも四ミリにみたず、着柄部も小さく薄い。武器として機能するようには思えない》（奈良文化財研究所『日本の考古学――ドイツで開催された「歴史の曙光」展』より。小学館、二〇〇五年）

吉田氏によれば、銅剣もまた同様です。

朝鮮半島から日本列島に伝わった最初の頃の細型銅剣は、朝鮮半島で出土する銅剣と同様、小型ながら身の重厚さについては保っています。しかし、刃の鋭さや刃先の強さということになると、日本のものは省かれています。

このことについて吉田氏は《武器としての機能には特に関係のない特徴であると判断されるものである。流入当初から日本列島的特徴は、実用から離れる傾向にある》と指摘しています。

弥生時代の区分けの西暦換算は研究者によっていろいろと違うのですが、だいたい紀元前一世紀頃と考えていいだろう弥生II期には、日本では、すでに青銅器の生産が可能でした。しかし、日本では、武器としての強化製品は造られることなく、祭器化してしまっている、ということなのです。

これについては、鉄製武器の普及によって、青銅器は早々に武器としての役目を終えたとする説もあります。しかし、鉄製武器の普及は、だいたい一世紀頃と考えていいだろう弥生IV期の前半以降です。

つまり、鉄製武器が普及するよりはるかに早く、青銅器は祭器化してしまっている、ということになります。

祭器として造られた剣と矛

荒神谷遺跡から出土した銅剣と銅矛は、武器として造られたというよりも、祭器として造られたとする方が正確でしょう。

このことはまた、弥生時代には銅剣、銅矛は実戦に使われていなかった、ということも意味します。それらは帰化人たちの、大陸での戦争の記憶として存在したのだ、と言えるでしょう。日本の弥生時代の遺物には、人骨に刺さった青銅器の例もありますが、集団間の争いにおいて使われたのは青銅器ではなく、石器あるいは鉄器だったと考えられています。

ちなみに、日本国内で鉄鉱石や砂鉄から鉄を生産するようになった時期については、二つの説があります。

一つ目は、弥生時代の後半にはすでに始まっていたという説。これは、弥生時代後期には石器を使うことはほとんどなくなり鉄器が普及していた、ということを根拠としています。

二つ目は、古墳時代になって鉄の生産が始まったという説。これは、鉄を精錬した炉の跡や鉄のクズの発見が、今のところでは古墳時代までしかさかのぼれないことを根拠としています。

さて、武器であるはずの銅剣と銅矛が、どうして祭器になったのでしょうか。

まず推測できるのは、現実として武力行使というものが行われなくなっていたからだ、ということです。

武器として使われたのであれば、それを祭器として使うことはまず考えられません。武力に対する崇拝や、武威を披露することによる悪霊鎮圧祈願といったことはあったかもしれませんが、どちらにせよ、それは現実的な武器としての使用ではありません。

また、石器が消滅していって金属器が使われるようになる段階で、刃物というものへの崇敬が生じて、武器としての使用と同時に祭器化もしたのだ、という説があります。

武力の象徴として銅剣も存在した、ということなのですが、戦後の多くの歴史家は、どうも戦争が好きなようです。弥生期の稲作の発生とともに社会に貧富の階級が生まれて階級間での闘争が生じた、集団間の貧富の格差から争いや戦争が生じた、などと考える傾向が強いのですが、そういった見方にふさわしい青銅製の武器は発見されていません。推測としては弱い、と言わざるをえないでしょう。

すでに朝鮮半島において儀礼具としての性格が付与されていた武器形の青銅器が日本列島に輸入され、受け継がれたのだ、という説もあります。

九州大学の岩永省三教授は次のように述べています。

《半島南部には、青銅武器類の、鋒が広くて薄くなったり、文様がついたり、形態から実用というよりも、儀器化しているとみられる例や、鈴がついた奇妙な形の道具とともに、儀式に使われたものがある。列島に最初にもたらされた青銅武器類の中にも、実用にならないペラペラの薄物や装飾を施したものなどがあり、ある程度の儀器性が見られる。しかし半島での青銅武器の儀器化と列島でのそれとが、できあがったものの形や用い方のうえで、非常に異なることも事実だ。半島に埋納された青銅器はほとんどないし、列島の銅鐸や広形銅矛のような大型品もない。そういう違いが生じたのは、やはり弥生社会に半島と異なる事情があったのであろう》

細型青銅武器形品はあくまでも武器として考えることができるが、より優秀な鉄製武器の急激な普及によってそのポジションを奪われて、急激に形態を変えて呪具になった、という説もあります。

ただし、この説では、青銅器の祭器化が鉄製武器の普及に先行しているという点を説明できません。

最近では、先んじて存在していた武器形の木製品と石製品による祭祀が武器形青銅器による祭祀の祖先となっている、という説が出されています。青銅器製作の技術導入が、祭器の材質を変えたのだ、という説です。
これに対しては、前出の岩永教授が次のように述べています。

《武器形木製品を用いた模擬戦こそ、武器が祭器に転じる瞬間であって、やがて武器自体に呪力があると考えるようになったことが、武器形祭祀の隆盛する原因となったとみる。現状では、武器形の木製品と青銅製品の盛行した地域は多少ずれており、青銅器の祭器化を木・石製品の存在から普遍できない。しかし青銅武器類が細形段階から祭器化した中国・四国・近畿地方では、この考え方が成り立つだろう。武器形木、石製品を祭器とする祭祀の由来は、今後の検討課題である》（前掲書）

武器型祭器を用いた祭祀については、とにかく武器の形をしたものを使っているのですから、武力への崇拝によって悪霊、また、外敵の鎮圧を祈願したとする説が有力です。農耕祭祀に使われていたと考えられる銅鐸とともに出土する例もあるので、農耕祭祀にこれを含める説と、そうした判断を保留している説とがあり、また、分布に着目して、海との関連性を唱える説もあります。
対馬や四国の太平洋岸から銅矛形祭器が多く出土することから、これを外洋航海にかかわる祭りに使う祭器とする説、また、瀬戸内海沿岸に多く出土する平形銅剣を内海航行にかかわる祭りの具とする説などですが、銅矛形祭器は内陸部からも出土しますから、すべてを航海・航行に結びつけることはできません。

他に、銅矛形祭器は北部九州を中心とする一つの領域における除悪の祭りにかかわる祭器だとする説などさまざまな説がありますが、いずれにしても考古学者の多くは、銅剣・銅矛が実際の武器ではなく祭器であるということを説明するのに苦慮しているのが現状です。

私は、日本においては大陸からの移民者が実際の武器を必要としなくなって平和な民族に同化していくという過程があった、と考えています。

銅剣・銅矛・銅鐸はなぜ地中に埋められたのか

荒神谷遺跡で銅矛と並ぶかたちで出土した銅鐸は、もともと祭器として使われたものと考えられています。武器ではありません。

銅剣三五八本が出土した地点は、銅矛と銅鐸が出土した地点から七メートルほどしか離れていませんから、荒神谷遺跡の銅鐸六個は、祭器という意味で銅剣と関連があることを示しているでしょう。

青銅祭器を考える上でのポイントは、集落から離れた場所に埋め納められていることがほとんどだ、という点です。

埋納されているのは、なぜでしょうか。

その研究はさまざまにあり、地中保管説、俗界からの聖器隔離説、奉献あるいは供儀説、境界守護説などが知られています。供儀とは、神への供えものという意味です。

埋納を、祭祀と関係づけない説もあります。用が済んだから廃棄した、外部からやってくる敵対者に備えて隠匿した、交易品として貯蔵した、集落が政治的に統合したので集積した、あるいは配布に備えて集積した、などの説です。

祭祀としての埋納説では、地中保管説が有力です。日常生活から切り離した聖域に青銅器を埋めて保管しておき、祭りの際に取り出して使った、とする説です。

この場合、大地に埋めて納めておくことが重要だとされています。地霊や穀霊の依代である銅鐸を大地に埋めることによって霊を鎮め、取り出すことによって地上に霊を迎える、という意味を持っているわけです。現在になって出土している青銅器は、祭りが行われなくなったために埋められたままになっていたものだと考えられています。

ただし、地中保管説にも難点があります。

使うたびに何度も掘り出されたはずなのに、福岡県重留遺跡を例外として、その痕跡が確認されないことです。しかし、これは、埋める場所を祭祀の都度に変更したとも考えられ、結論はまだ出ていません。

通常は地上で保管したと考える説もあります。稲魂が脅かされるような共同体の非常時に、邪悪な存在や敵の侵入口に埋めたと見るのです。

つまり銅鐸は災いから共同体を守ってくれるものということなのですが、守る範囲がどんどん拡大していって畿内領域の境界に多く埋められた、とする研究者もいます。悪霊や外敵を防ぎとめて安全を保証するために、悟られることのないよう密かに埋めて結界をつくったために埋められたままになっていたのだ、とも言われます。

このようにさまざまな説があり、埋納の理由をただひとつの解釈で割り切るのは難しいとされてきました。

しかし、ほとんどの場合、埋納の方法あるいは埋納場所の特性が広い地域で共通していることから、祭器の埋納は社会的に繰り返されてきた行為だったということは言えるでしょう。

私は、祭器が、必ず人里離れた場所に埋められているということに注目します。

埋められていたのは、自然の中の人力の及ばない場所、つまり聖なる場所です。

そこに埋納された以上は、祈りの意味があったととる以外にないでしょう。捨てた、あるいは保管したというのではなく、埋納したその場所こそが祈りの意味で重要だったということです。

大地という神的な環境の中に納めることで銅鐸を神秘化したのでしょう。そして、その場所を知らしめないということが、自然の神に委ねるという自然信仰の精神をまさに示しています。

私は二〇一〇年（平成二二年）に『「やまとごころ」とは何か——日本文化の深層』（ミネルヴァ書房）という本を書きました。その中で、基本的に日本人には自然信仰が根強くあり、その信仰は、日本列島の七割を占める山地で行われることに顕著に表れるということを述べました。

「やまと」とは、「山の人」ということなのです。

山地とはいいますが、それは必ずしも高い山を意味しません。銅剣三五八本が出土したのも山の中腹でした。多数の銅鐸が出土している滋賀県の大岩山遺跡や兵庫県の桜ヶ丘遺跡もまた、その環境は低い山です。

祭器を自然に委ねる、自然神に委託するという行為は、ヨーロッパの青銅器時代にも見られます。各地を巡回する鋳物師が保管の目的で順回路に埋めておいたとされる場合もありますが、自然の中に預けて安心しているわけですから、これもまた大地信仰、自然信仰のひとつです。単なる保管ではなく、奉納・供儀の意味が大きいとする説がヨーロッパでは主流になっています。

埋納した場所が境界ということであれば、境界に埋めることで境界の向こうの人々と祈りを共有することにもなるでしょう。

地中保管説と奉納・供儀説は、人々に共通する自然信仰という点で合致するのです。つまり、集落や墓から離れた場所に埋納されるということ自体に意味があると言えるでしょう。

加茂岩倉遺跡から出土した三九個もの銅鐸の意義

銅鐸に関しては、荒神谷遺跡からわずか四キロメートルほど離れた位置にある加茂岩倉遺跡で三九個の銅鐸が発見されていることを見逃すわけにはいきません。三九個もの大量の銅鐸が一箇所から出土した例は他にありません。

荒神谷遺跡の六個と合わせて、出雲大社近辺で四五個という数の銅鐸が発見されたことになります。島根県は、銅鐸の発見数の最も多い県です。

国立歴史民俗博物館の館長も務めた考古学者の佐原真氏によれば、銅鐸は中国から来たものではなく、朝鮮の馬の首につける鈴が日本に来て祭器となったものと考えられています。日本考古学の草分けとして知られる梅原末治氏は、昭和初期の段階で次のように述べていました。

《朝鮮の墓に副葬された漢式馬車の部分は、一台分そっくり揃っているのではなく、その一部に過ぎない。それが貴顕のシンボルの意味をもっていたことはすでに明らかにされていることである。現在の日本ではもはや通用しないたとえだが、自動車が所有できなくとも、ハンドルやナンバープレートを所持して得意になっているようなものだ》

（『銅鐸の研究』資料編・図録、大岡山書店、一九二七年）

つまり、銅鐸は本来の馬の鈴の役割を超えたステータスシンボルである、というのが考古学者たちの定説です。

朝鮮においては、貴族として漢式馬車に乗るというのがステータスの証でした。墓には、立派な貴族であった証として、漢式馬車の部品を副葬したと言われています。

私は、馬の首につれられる鈴がそのままモノとして日本に移入されて銅鐸という祭器になったわけではないと考えています。朝鮮から来た貴族、あるいは貴族に強い憧れをもつ人物が馬の鈴を日本で祭器ないし宝器としたものでしょう。

日本の銅鐸は、鈕という吊り下げる部分が大きくできています。

朝鮮の鈴を想起させる要素は少なく、起源はそうであったとしても鈴としての機能はありません。最初から、日本化した祭器としてつくられたものでしょう。

佐原氏は、銅鐸は近畿で発生し近畿でつくられたという説をとっていますが、これは実は、銅鐸の起源を朝鮮に求める説と対立します。大和に直接に朝鮮文化が入ってきたとは考えられないからです。

ただしこれは、出雲とたいへん関係の深い須佐之男命《スサノオノミコト》は朝鮮から来たという、『日本書紀』神代上第八段一書第四に書かれている内容と対応している可能性があります。

銅鐸は出雲が起源

出雲は古くから朝鮮と関係が深い地域です。

『日本書紀』の須佐之男命の他にも、たとえば『出雲国風土記』には「国引き神話」が伝えられています。八束水臣津野命《ヤツカミズオミツヌノミコト》が、「八雲立つ出雲の国は巾の狭い布のような幼く若い国だ。最初の国を小さくつくってしまったらしい。それでは縫いつくろうことにしよう」と言って周辺の国を引き寄せて縫い合わせてできたのが島根半島だ、という神話です。ここには、出雲の交易圏が西は朝鮮半島の新羅、東は越にまで広がることが示されています。

つまり、銅鐸の起源を朝鮮半島に求めるということは、かえって、銅鐸は出雲を起源とすると考えることを可能にするのです。

荒神谷遺跡から出土した五号銅鐸は鈕に外縁がついていないことや、縁に幅広の鰭がないことなどから、最古の銅鐸と見られています。弥生期前期末から中期前半頃に製作され、内側がすり減っているところから鐘として使い続けられていたのではないかとされています。

前出の梅原末治氏は、荒神谷遺跡の銅鐸が、同時に出土した銅剣や銅矛よりはるかに時代を遡るものであることから、銅鐸の起源は出雲にあるのではないかとしていました。

銅剣と銅矛については北九州で発達した後に出雲に入ってきたものだと考えられますが、銅鐸は別なのです。

銅鐸は、出雲で生まれ、出雲王国の領土拡大とともに中国、四国、近畿で多くつくられるようになったと考えられます。

出雲王国の拡大とともに、銅鐸はだんだん大きくなっていき、分類ではⅣ式銅鐸と呼ばれる高さ一メートルに及ぶ銅鐸さえ出現します。Ⅳ式銅鐸は出雲にはなく、近畿地方と三遠地方といわれる三河、遠江地方で出土します。

埋納は、権力移譲の行為

加茂岩倉遺跡の三九個の銅鐸、荒神谷遺跡の六個の銅鐸は、自然の中に放棄されていました（図6）。

図6　加茂岩倉遺跡から出土した銅鐸

私は、これを、銅鐸を保持していた出雲勢力が、きわめて明確な意思をもって行ったものと考えています。つまり、権威の譲渡を意思的に行うという積極性がここには表れている、ということです。

出雲勢力の勢力は、大量の銅鐸を埋納することで、譲渡の潔さと、誠実をもって従う意思を示したのです。

つまり、「高天原」の神々に対する「葦原中国」の神々の服従を意味するものだと言えるでしょう。

武器というものを隠匿して再起に備えるといった性格のものではありません。後ほど詳しく述べますが、銅剣三五八本の内三四四本に刻まれた×印もまたそのことを示しています。

荒神谷遺跡の銅剣と銅矛はすべて祭器です。精神上の服従行為として埋納されたものです。銅剣、銅矛が放棄されたのは銅鐸と同様に地中であり、大地の中に置くことで、権威放棄ということを、自然信仰の儀式として行ったのです。

おそらく、敵味方立ち会いのもとで埋められたのではないかと想像します。

埋納されてから二〇〇〇年近くを経ている平成年間に発見されたことに、私は、日本人の精神性を感じます。盗み取るようなことはしないという、人間関係における日本人独特の道徳を感じます。

廃棄場所を忘れてしまおうということを積極的に行ったのです。

武器そのもの、あるいは祭器そのものに物質的な執着はしません。これは日本人ならではの考え方です。

大量に出土した青銅器の宝剣は、「武器を捨てる」という「権力移譲」の意思表示です。銅鐸を捨てるということは「権威を捨てる」ということであり、「国譲り」の儀式を表していると考えることができるでしょう。

銅剣に刻まれた×印の意味

荒神谷遺跡から出土した銅剣に刻まれた×印は、何を意味するものでしょうか。

出土した三五八本の内の三四四本の根本の片面に刻まれ、内の三本には、両面に×印が刻まれています。

×印は、加茂岩倉遺跡から出土した銅鐸にも見られます。こちらは、いわば人間の顔にあたる重要な部分に刻まれています。

埋納に伴い、祭器としての機能を停止させる意味合いで刻まれたという説もあります。もしくは、製作した工房のマークだとする説もあります。封じ込めた悪霊の魂が逃げないように刻んだという説もあります。

×印の刻まれた青銅器の出土は他に例がなく、そこには何らかの意思が働いていると考えるのが自然です。

刻まれた×印は決して美的なものではありませんから、そこには否定的な意思が見られます。つまり、武器であれ祭器であれ、もう使えない、あるいはもう使わない、という積極的な意思です。

「国譲り神話」では、力くらべでタケミカヅチに破れたタケミナカタは諏訪まで逃げ、その地に引きこもりました。タケミナカタは諏訪大社の祭神です。

諏訪大社は「国譲り」の伝承を起源とする神社です。

諏訪大社の祭りとして名高いものに「御柱祭」があります。七年に一度、五穀豊穣を記念して行われる勇壮な祭りです。タケミナカタのイメージにふさわしいものです。

この「御柱祭」に注目すべき事実があります。御柱祭に登場する柱には必ず×印がつけられる、ということです。

神木から採った柱ですから本来なら傷をつけるなどということは考えられませんが、大社には、大切に守るべき伝統として認識されているようです。

柱に人が乗る際の足がかりとして刻む、という理屈がついているようです。しかしやはり、神木にわざわざ刻むということには何らかの祭祀的な意味があるはずです。

荒神谷遺跡の銅剣の×印、加茂岩倉遺跡の銅鐸の×印、そして、諏訪大社の御柱祭での柱の×印。ここには間違いなく、共通の意味があるでしょう。

御柱祭の御神木に刻まれた×印も、「高天原」系の神々に「権威」を譲るという意味を持っていると考えられます。

御柱祭では、神木を山から下に落としていきます。これもまた、「捨てる」という行為と見ていいでしょう。

タケミナカタが敗走した諏訪の地では、神木に×印をつけて落とす行為が「国譲り」を表すものと考えられたのです。

「国譲り神話」との深い関連

さて、ここからは、荒神谷遺跡ならびに加茂岩倉遺跡の考古学的発見が『古事記』と『日本書紀』の記述にどう関連していくのかを見ていくことにしましょう。

ポイントは、祭器としての銅剣と同鉾が何を意味しているか、ということです。

考古学上例を見ない数の銅剣と銅矛の埋納という事実は、やはり必ずや神話の中に記憶されていなければならないと考えるべきです。

大国主命あるいは大国主神という名は、当然、国の主という意味です。国土をつくって支配したから大国主です。

大国主神は、出雲の国をつくった時には大穴牟遅神や八千矛神など、さまざまな別名を持っています。

八千矛神は、その名の通り、青銅でつくった矛をつかさどる神という意味です。そう考えると、荒神谷遺跡での発見は、今に続く出雲大社の祭祀の源流をさらに深くさかのぼる可能性を秘めています。

大国主神には葦原色許男神《アシハラシコオノカミ》という別名もありますが、これはまさに「葦原中国」を支配する神という意味です。大国主神は、出雲の地を中心として、あるいは本拠として統治を行っていました。

『古事記』には、スサノオから「葦原中国」の支配者として認められた大国主神が出雲の地で「国作り」を完成させたことが書いてあります。そして、大国主神がつくった国に対して「葦原の水穂の国はひどく騒がしい」という判断を高天原が下し、天の安河の河原に八百万の神が集まって相談します。

相談は、天照大神が「葦原中国」の神々つまり国神《くにつかみ》を服属させて、その支配者を大国主神から天神《あまつかみ》の血筋を引くものに交代させる必要がある、ということにまとまります。これが「国譲り神話」の発端です。

荒ぶる国神たちを高天原に帰属させるために最初に遣わされたのが菩比神《ホヒノカミ》ですが、大国主神に媚びて三年経っても音沙汰がありません。

次に派遣されたのが天若日子《アメノワカヒコ》ですが、これもまた大国主神の娘と結婚して八年経っても帰ってきません。

高御産巣日神《タカミムスビノカミ》が事情を探るために雉を送りますが、天若日子はこれを射殺。矢は天の安河まで飛んでいき、高御産巣日神が投げ返したこの矢によって天若日子は死にます。

三番目に派遣されたのが、建御雷男神《タケミカヅチノオノカミ》でした。すぐにタケミカヅチの名が上がったわけではなく、先にその親である伊都尾羽張神《イツノオハバリノカミ》が指名されています。

《かように天若日子もだめだったので、天照らす大神の仰せになるには、「またどの神を遣わしたらよかろう」と仰せになりました。そこで思金の神また多くの神たちの申されるには、「天の安河の河上の天の岩屋においでになる伊都の尾羽張の神がよろしいでしょう。もしこの神でなくばその神の子の建御雷の男の神を遣わすべきでしょう。尾羽張の神は安の河の水を逆《さかさま》に塞きあげて道を塞いでおりますから、他の神では行かれますまい。特に天の迦久の神を遣わして尾羽張の神に尋ねさせなければなりますまい」と申しました。よって迦久の神を遣わして尋ねた時に、「謹んでお仕え申しましょう。しかしわたくしの子の建御雷の神を遣わしましょう」と申して奉りました。そこで天の鳥船の神を建御雷の神に副えて遣わされました》

（『新訂古事記』武田祐吉・訳註、角川書店、一九七七年）

タケミカヅチの親である伊都尾羽張神は、タケミカヅチが神に化成するきっかけを造った「剣」です。

タケミカヅチはイザナギが火の神カグツチを斬った時の血から化成しますが、《お斬りになった剣の名は天の尾羽張といい、またの名は伊都の尾羽張》です。名前がついていることからわかる通り、特別な力をもった剣です。

タケミカヅチ誕生の場面では剣としてしか登場しませんが、「国譲り神話」において、伊都尾羽張神は、天の安河の水を逆さまに塞き上げて道を塞いでいるなど、神らしい力を与えられています。

言うまでもなく、伊都尾羽張神がいるという天の岩屋は、天照大神が隠れこもった場所です。

天照大神が岩屋にこもってしまったことで、高天原だけでなく葦原中国も闇に包まれました。天照大神がふたたび岩屋にこもるようなことでもあれば、ふたたび災いが起こります。伊都尾羽張神は、この岩屋にいて、天の安河の水を利用して道を塞いでいるわけですが、このことは、他の神々を岩屋に近づけないようにしていると言うよりも、高天原および葦原中国の秩序を守るために、天照大神を天の岩屋に近づけずにおくという任務を帯びていると考えられます。

秩序を守る神である伊都尾羽張神に、葦原中国平定の使者として白羽の矢が立ったのは当然のこととも言えるでしょう。

その子であるタケミカヅチもまた、高天原および葦原中国の秩序を守る役目を帯びている神だったと考えられるでしょう。

建御雷と、「雷」の字が入っていることから、雷神でもあります。『古事記』に登場する阿遅鉏高日子根神《アヂシキタカヒコネ》、『日本書紀』の雄略天皇紀に出てくる三諸岳の神のように、共通して雷神は強大な力をもっています。タケミカヅチもまた、たいへんな力をもつ神であることは明らかです。

困難を極めた葦原中国平定

『古事記』においても『日本書紀』においても、国譲り神話を見ると、葦原中国の平定という仕事がたいへんに困難なものだったことがわかります。

『古事記』では、第一の使者・菩比神も第二の使者・天若日子も「言向け」（『古事記』に出てくる、平定を意味する語）を成就することはできませんでした。

ここには、葦原中国の平定は、タケミカヅチのように秩序を守る力と強大な武力を兼ね備えた者以外にはなしえなかったことが示されています。

タケミカヅチは、葦原中国に降り着くと、大国主神に「国譲り」を迫ります。大国主神の子のひとり、事代主神は天神の御子に葦原中国を差し上げようと言いますが、もうひとりの子、建御名方神《タケミナカタノカミ》は受け入れず、力くらべを持ちかけます。

『古事記』は、先に建御名方神の力強さを言い、そしてその建御名方神を簡単に打ち負かすタケミカヅチを描いて、そのさらなる力強さを示し、雷神としての印象を強くしています。

国譲り神話は、刀剣である伊都尾羽張神の役割を明らかにし、困難を極めた葦原中国の平定を成し遂げたその子・タケミカヅチを描いています。

このことと、荒神谷遺跡における、例を見ない数の刀剣の出土が、関係ないとは言えないでしょう。

タケミカヅチは、その大量の銅剣が象徴する大きな勢力を圧倒的な力で抑えました。銅剣に刻まれた×印は、端的にそのことと結びつけることができると考えられます。

『日本書紀』のタケミカヅチ

タケミカヅチは『日本書紀』では、武甕槌神という字使いで登場します。

第一の使者として天穂日命《アマノホヒノミコト》、第二の使者としてその子の大背飯三熊之大人《オオソビノミクマノウシ》、第三の使者として天稚彦《アメワカヒコ》が派遣されますが復命しません。

第四の使者として、経津主神《フツヌシノカミ》が推薦されます。フツヌシは、火の神カグツチの血から化成した神を祖とします。

タケミカヅチは、天石屋《あまのいわや》に住む稜威雄走神《イツノオハシリノカミ》の子孫と書かれていますから、剣から化成した神の一族であることは『古事記』と変わりません。

ただ、河の水を逆さまに塞き上げて道を塞ぐ、などといった様子は書かれておらず、稜威雄走神がどんな性格や使命を帯びていた神なのかはわかりません。

また、『日本書紀』には力くらべも出てきません。タケミカヅチは、あくまでもフツヌシの副神として描かれています。

タケミカヅチが剣に関係する神であることには触れられていますが、『古事記』におけるタケミカヅチのように、秩序を守る力と強大な武力を兼ね備えた存在としては描かれていません。

フツヌシは高天原の神々に推薦されますが、タケミカヅチは使者となることを自ら申し出ました。

推薦されたとはいってもフツヌシが使者に推薦された理由は見当たりません。タケミカヅチについても、その勢いに神々が押されたということであり、葦原中国平定に遣わされる明確な理由は書かれていません。

つまり、『古事記』においては、タケミカヅチが葦原中国平定に遣わされる理由が明確化されていますが、『日本書紀』においては、フツヌシもタケミカヅチも今ひとつその理由が明確ではないと言うことができるでしょう。

『古事記』では、タケミカヅチが強大な武力を持っているということが明快です。力くらべが『古事記』にのみ描かれていることからも、それは明らかでしょう。

タケミカヅチの霊剣

タケミカヅチはまた、『古事記』において、中つ巻の神武天皇の条に登場します。神倭《カムヤマト》伊《イ》波《ワ》礼《レ》毘《ビ》古命《コノミコト》（神武天皇）が熊野の村で、軍勢もろとも毒気を当てられて正気を失った際に、タケミカヅチの話が出てきます。

熊野に高倉《タカクラ》下《ジ》という者がおり、神武天皇に霊剣を献上します。

その霊剣にまつわる話として、「葦原中国がふたたび騒がしいから、天照大神と高木神がタケミカヅチに、『あなたが平定した国だから、今回もまたあなたが行きなさい』と言った。タケミカヅチは、『私が行くまでもない。平定する時に使った大刀を降ろすだけでいいでしょう』と言って私のところの蔵に大刀を降ろす夢を見た」と伝えたのです。

神武天皇がその大刀を手にすると、熊野の荒ぶる神々は自らすべて切り倒され、軍勢も正気にかえります。

つまり、ここでは、タケミカヅチは国譲りの際、霊剣を使って葦原中国を平定したということが明確化されています。このことで、高倉下が神武天皇に献上した大刀の役割と機能が際立ってくる構造になっています。

天照大神と高木神は、神武天皇が葦原中国領有の難事業に立ち向かっているのを見て、

「国譲り」を成し遂げたタケミカヅチを再度、葦原中国に派遣しようとします。

神武天皇のサポート役としてタケミカヅチが適任とされたのは、タケミカヅチのもつ大刀に、ひとつの大きな理由があるようです。

タケミカヅチの大刀は、《名は佐士布都神《サジフツノカミ》、またの名を甕布都神《ミカフツノカミ》、またの名を布都御魂《フツノミタマ》と言います。今、石上神宮にあります》と説明されています。

注意したいのは、大刀が単なるモノではなくて、「神」として扱われている、ということです。

これは、国譲り神話に登場するタケミカヅチの父である伊都尾羽張神とまったく同じ捉え方です。

神武天皇のもとに降ろされた大刀は、降ろされるべき理由も機能も、もちろんたいへんな力ももっている神ということです。刀剣というものの力が、ここであらためて強調されています。

タケミカヅチが降ろした、神である大刀は、落雷するようなかたちで蔵のいただきに穴があけられ、そこから落とし入れられます。こうして神武天皇は、タケミカヅチのもっている秩序を守る力と強大な武力を手に入れました。

ここに描かれているのは、タケミカヅチの大刀つまり刀剣の圧倒的な強さです。

伊都尾羽張神のもつ力と機能をタケミナカタが継承し、タケミナカタの霊剣に宿っている力と機能を神武天皇が継承した、ということを明確に物語っています。

国譲り神話においてタケミナカタの力と機能が明らかにされているのは、神武天皇がもつ霊剣の力と機能を明らかにするためにこそ必要なことでもあったのです。

刀剣三五八本、その数字の意味

国譲り神話には、出雲に象徴される「葦原中国」が、刀剣そのものである神と、その刀剣の力を存分に発揮させることのできる神によって平定されたことが示されています。

このことは、すなわち、「葦原中国」側も、対抗するために多くの刀剣を使ったであろうことを想像させます。「高天原」から送られる神々の力に対して、「葦原中国」は、量的な刀剣の力で応戦したと考えられます。

その際、「高天原」側つまりタケミナカタの勝利を実際に示そうとすれば、どうするでしょうか。

それこそが荒神谷遺跡の、埋納された三五八本という、例外的に数の多い遺物ではないでしょうか。

葦原中国平定という重要な出来事の結果を想起させるために、数本などといった数の刀剣ではなく、意図的に大量の刀剣をもって敗北を示した、と言うことができるでしょう。三五八本の刀剣は、国譲りという出来事に立ち会った氏族たちが共同して提出したものだと考えられます。

氏族は神社によって統括されます。出雲地方の神社の数と刀剣の本数には関連があるはずです。

『延喜式』に掲載されている「延喜式神名帳」によれば、「式内社」として公的に認められた出雲の神社は一八六社です。

これは、実に、三五八という数のほぼ半数です。一社が二本ずつ供出した結果だと考えられるでしょう。

出雲の神社の、それぞれの神社に祭られている神々は、古い時代の地域の神々ではないでしょうか。そうした神々は各豪族の氏神であり、銅剣の供出作業に関係していると考えられます。

大国主神の子、タケミナカタ

タケミナカタ＝建御名方神は、国譲りに最後まで抵抗した、大国主神の子です。

建御名方神の「建」の字は、建御雷《タケミカヅチ》の「建」と同様、「剣《たけ》」がかけてあります。つまり、タケミナカタも剣の達人でした。

タケミナカタは、千人引きの大岩を指先で扱うような怪力でしたが、タケミカヅチは、その手を固い氷と剣の刃に変化させ、軽々と投げ飛ばしてもしまいます。タケミナカタは、出雲を追われて信濃の諏訪湖まで逃亡し、殺される間際に及んで負けを認め、国譲りに同意します。

この一連の戦いは、かなり熾烈なものだったと想像できます。タケミナカタは出雲の軍団を率いていたに違いありません。

しかし最終的にタケミナカタは、諏訪に引きこもることになり、諏訪大社の祭神となりました。この諏訪大社で行われる御柱祭で使われる神木に、×印がつけられているわけです。タケミナカタは『日本書紀』には登場しません。抵抗といった行為は描かれず、きわめてスムーズに国譲りが行われています。

『日本書紀』においては、国神たる大己貴神（大国主神）の勢力が、天神の勢力に従う、秩序を重んじる勢力だったという意味合いが強く書かれている、と言えるでしょう。

これを従来の歴史家たちは、中央王権に都合のいい書き方だとし、まったくのつくり話だとしてきました。果たして、そうでしょうか。

大己貴神に見られる「譲る精神」こそは、日本の神話の特色をよく示すものです。

対立を避け、権力や権威をめぐる争いはしないという、出雲の態度が象徴されています。

日本神話の「譲る精神」

比較神話学の権威、吉田敦彦氏は、次のように言っています。

《日本の神話には、神々のあいだで激しい対立や葛藤があっても、それが解決される過程で、対立した両者のどちらか一方の存在とか価値が、否定されることにはならないという大きな特徴があります》

(『日本神話の深層心理――アマテラス、スサノオ、オオクニヌシの役割』大和書房、二〇一二年)

私の言う日本神話の特色、「譲る精神」は、吉田敦彦氏のこの分析を裏付けるようでもあります。他の日本神話を解釈する場合にも齟齬を起こさない考え方です。

『日本書紀』の国譲りの部分、異伝の二書で、大己貴神はこう言っています。

《天神のおっしゃることは、こんなに行き届いている。どうして仰せに従わないことが

ありましょうか。私が治めるこの世のことは、皇孫がまさに治められるべきです。私は退いて幽界の神事を担当しましょう》

（『全現代語訳日本書紀』宇治谷孟、講談社、一九八八年）

この謙虚さは、かたちとして表れるなら、たとえば自らの祭器である銅剣を、しかも大量に譲るという行為となるでしょう。

『古事記』では、天から最後にやってきた使者である剣神の威力にはついに対抗できず、国譲りをするという経過をたどります。

しかし、重要なのは、だからといって大国主神が偉大な神であることに変わりはない、ということです。力も資格も失わず、今も大国主神は、人々からたいへん大切にされる神です。

『古事記』で、大国主神は「わが子は一八〇神いるが、事代主神が指導者として天国に仕えることになれば、それに逆らう神はいないでしょう」と言っています。これは、まず、大国主神の子の事代主神が国譲りに承知し、他の神々が事代主神に先導されて次々に従ったということです。

ここにも、たいへん興味深い数字が表れています。

一八〇神は、刀剣三五八本の半分の数字です。出雲側の神々が、それぞれ二本ずつ奉ったということになるでしょう。

国譲り神話と「神在祭」

出雲大社に「神在祭」というたいへん有名な祭りがあります。旧暦の一〇月一〇日にまず「神迎祭」が国譲り神話の舞台となった稲佐の浜で行われ、翌日一一日から一七日まで出雲大社で神在祭が行われます。神々は、龍蛇神に導かれて稲佐の浜にやってくるといいます。

《出雲では十一月中旬になって西北の風が強くなると、沖合からセグロウミヘビが打ち上げられる。出雲大社、佐太神社、美保神社、日御崎神社の神在祭には、そのセグロウミヘビを玉藻《ホンダワラ》の上に乗せて神殿におさめる。「海を光して依り来る神」とは、そのセグロウミヘビを指すという。「この時に海を光《てら》して依り来る神あり。その神の言《の》りたまはく、「我が前をよく治めば、吾よくともどもに相作り成さむ」」》

(『神・人間・動物――伝承を生きる世界』「海を照らす神しき光――海蛇」谷川健一、平凡社、一九七五年)

神迎祭で丁重に迎えられた神々は出雲に滞在中、「神議り」を行って縁組その他、もろもろの決め事をする、とされています。

大国主神の「国譲り」も、出雲の神々がこうして集まって「神議り」をして決定されたものに違いありません。

一週間の滞在を終えて、神々は出雲を去ります。

この時に行われるのが「神等去出祭」です。一九社に安置しておいた神籬《ひもろぎ》を、来社のときと同じく白絹で覆い、拝殿に運びます。祝詞が奏上されて、神々は楼門からこの地を離れていきます。

これらはつまり、かつて出雲で重要な議論が行われた、という歴史の記憶です。そこで話し合われたのは、国譲りに関係する議論だったに違いありません。

「国譲り」の会議が「神議り」となり、「神在祭」になったのです。

数多くの神々が出雲に集合し、国譲りを会議しました。その結果、銅剣、銅矛、銅鐸を放棄して天神に捧げることに決まったのです。

それが荒神谷遺跡の銅剣、銅矛、銅鐸であり、加茂岩倉遺跡の銅鐸なのです。

私は、このような類推こそが、出雲の「神在祭」の説明にふさわしいと考えています。

出雲では、いろいろな氏族や集団がいろいろな神々を祀っていました。出雲の「国造りの神」たちであり、出雲にある神社の神々です。

大国主神というのは、出雲を大きく統治することになった氏族の名称だったと考えられます。

『出雲国風土記』の国譲り神話

『出雲国風土記』の意宇郡、母理の郷の条には、次のように書かれています。

《天の下をお造りなされた大神大穴持命《オホナモチノミコト》は、越の八口を平定し賜うて、お還りになった時、長江川においでになって詔して、「私がお造りして領有して治める国は、皇御孫命《スメミマノミコト》が無事に世々お治めになる所として〔統治権を〕お譲りしよう。ただ、八雲立つ出雲の国は、私が鎮座する国として、青い山を垣として廻らし賜うて玉珍《たま》（霊魂のこと）を置き賜うてお守りしよう」》（『風土記』吉野裕・訳、平凡社、二〇〇〇年）

出雲以外の地は天孫族に譲り渡すが、出雲だけは自分で治めるという宣言です。

譲るのは、出雲を除いた「葦原中国」そのもの、倭国の支配権ということになります。

日本列島の支配者として最初に出雲族がおり、そのあと、天孫族が奪ったという構図も、ここでは成り立つでしょう。

大穴持命つまり『古事記』で言う大国主神が「越の八口」を平定した後に出雲に戻ってから、「自分がつくった大きな国は皇御孫命（天孫降臨のニニギノミコト）に任せて、自分は小さいけれども美しい出雲国に隠居しよう」と語った、ということになります。

越の八口の「口」とは、「くちなわ＝蛇」、「くちばみ＝蝮」という意味です。『古事記』では、スサノオが退治したヤマタノオロチは「越のやまとのおろち」としてあります。

つまり、「越の八口」は「越のやまとのおろち」と同義です。『出雲国風土記』では、ヤマタノオロチを退治したのはスサノオではなく、大穴持命ということになります。

記紀では、スサノオがヤマタノオロチを退治し、ヤマタノオロチの尾のひとつから、皇室の三種の神器のひとつとなる草薙の剣が発見されます。

草薙の剣を天照大神に献上することで、皇室が統治者となる秩序が確立します。こうした、国の根幹に関わる物語の一連の中に大国主神はいます。

出雲の人々は、少なくともスサノオと大国主神を重ね合わせて考えていました。

これは、剣というものは常に統治者のシンボルであり、統治を譲るということは剣を捧げることに象徴されるという考えがあったということを示しているでしょう。

国譲りとは、出雲系の支配域が天孫族に譲られた、ということです。

列島を広く覆っていた出雲文化圏を、中央の集団が、自分たちの天照大神への信仰という色に塗り替えようとしたということです。

倭国の支配権が、出雲から天照系の大和朝廷へと移動したと言ってもいいでしょう。大国主神が、後に大和の三輪山の主神である大物主命となるのはその端的な表れでもあると考えられます。

なお、『日本書紀』の異伝、一書に書かれている国譲り神話はやはり独特です。

高天原の神がやってきて、「あなたの国を天神に差し上げる気はあるか」と問うと、大己貴神（大国主神）は「ここは私がもともといたところだ。何を言い出すのか」ときっぱりとはねつけます。

高天原の高皇産霊尊はその報告を受け、国譲りのための条件を伝えます。

その一番の条件とは、大己貴神は今後は幽界を治める、というものでした。

さらに、大己貴神の宮の造営など、いくつかの約束を条件に加えます。大己貴神は、条件に満足して「根の国」に降ります。

根の国とは、地下の国ということです。大地の下にあります。出雲の神々が、銅剣、銅矛、銅鐸を埋納した場所と通じているのです。

ここまで、国譲り神話と、荒神谷遺跡および加茂岩倉遺跡から出土した銅剣、銅矛、銅鐸の関係について見てきました。

出雲地方における戦後最大の考古学的発見は、その数の多さと発見場所の明確さとで、国譲り神話は歴史を記憶しているということを明らかにしたと言っていいでしょう。天照大神の国と大国主神の国、大和と出雲、天神と国神との間の「国譲り」の事実が、考古学的発見によって裏付けられたわけです。

実はここには、重要な問題が残されています。大国主神が列島の統治権を譲った高天原の神々の「高天原」とはいったい何か、「高天原」はどこを指しているのか、という問題です。国譲り神話が、後に大和朝廷と呼ばれる中央政権が出雲を平定したという歴史を物語っているらしいことは理解できたとしても、統治権を譲られた高天原の神々の「高天原」そのものは、多くの人にとってはあいまいなままです。「高天原」は、近畿の、いわゆる大和地方を指していると、一般的にはイメージされがちです。

日本という国は西日本を中心に発祥した、というのは勘違いです。私は、「高天原」は列島の東方、関東および関東以北に存在した一大勢力を指していると考えています。

ポイントは、国譲りを遂行したタケミカヅチという神にあります。次章で詳しく述べていきましょう。

第二章　関東にこそあった「高天原」

出雲大社に発見された茨城・鹿島神宮との共通点

二〇〇〇年（平成一二年）、出雲大社の本殿遺構の柱材として、杉の大材三本を合わせて一本とした柱が発見されました。

直径一一〇センチメートルほどの大材が三本ですから、ゆうに直径三メートル（一丈）以上の巨大柱ということになります。

現在の出雲大社は本殿の高さが二四・二メートル（八丈）あり、他の神社と比較してはるかに雄大です。ただし、現在の出雲大社の本殿は一七四四年（延享元年）に造営され、今までに三度の修繕を受けて受け継がれているものです。

出雲大社の設計図として宮司家に伝わる「金輪御造営差図」によれば、もともとの出雲大社は、大木三本を一本の柱として組み、そうしてできた全九本の巨大柱が本殿を支える、としてあります。

これは、新発見された巨大柱の様子と一致します。

このことから、平安時代には出雲大社本殿の高さが四八・五メートル（一六丈）あったという記録に信憑性が出てきました。

平安中期から鎌倉初期の約二〇〇年間に、出雲大社の社殿は自重に耐えかねて七回倒壊したという記録も残っていますが、今回の巨大柱の発見によって信憑性の高まった四八・五メートルという社殿の高さは、この記録にリアリティを与えます。

また、大和朝廷時代には九八メートル（三二丈）あった可能性も出てきました。想像復元図としてよくテレビや雑誌などで紹介される、数百段の長い階段が伸びている社殿です。ただし、この一〇〇メートル近い高さの社殿は、想像の産物で、社殿背後にある神の静まる森つまり「神奈備」である八雲山を重ね合わせたイメージに過ぎないという説もあります。

いずれにしても、この巨大柱の発見で、大国主神が国譲りの代償に望んだ神殿の実在性が高まりました。

これは、津田左右吉以来の「記紀虚構説」を覆します。考古学者と神話学者が共同して日本の歴史を探り当てる時代に入ったと言っていいでしょう。

こうした流れは、現在の出雲大社の持つひとつの謎を解き明かすことにもつながります。本殿の神座がなぜ西向きであるのか、という謎です。

これは実は、タケミカヅチを祭神とする、茨城県にある鹿島神宮との共通点がそうさせているのです。

鹿島神宮の参道は西から東へ向かってのびています。

しかし、その社殿はなぜか北向きに建てられています。本殿が、長く続く参道の中ほどに、横向きに建てられているということです。本殿前から奥宮につづく奥参道と、本殿までの表参道が西から東へ一本の直線になっているにも関わらず、そうなっています。

この北向きの本殿については、次のような説明があります。

図7　鹿島神宮　鳥居

《開かずの御殿と曰うは、奉拝殿の傍らに御座す、是即ち正御殿なり。北向きに御座す、本朝の神社多しといえども、北方に向いて立ち給う社は稀なり、鬼門降伏、東征静謐の鎮守にや、当社御神殿の霊法かくの如く、社は北に向ける、其の御神躰は正しく東に向い安置奉る、内陣の例法なり》（『当社列伝記』東実「鹿島神宮」学生社、二〇〇〇年、読み下し文）

出雲大社の本殿では神座が建物正面の南向きではなく、東の方にあって西を向いています。西と東の違いはあるにせよ、神座が横向きであることが、鹿島神宮と出雲大社とで共通しているのです。

横向きの神座ということが、二つの神社を歴史的に結びつけている可能性があります。

この神座の問題については、横向きの神座は出雲大社における特殊なものとだけ言われ、鹿島神宮との共通性については触れられてきませんでした。

神話に即して説明してみましょう。

高天原から遣わされた天孫民族の使者が、出雲族の支配者である大国主神に国譲りを決意させます。

その代償として大国主神に与えられた神殿は、高天原の宮殿・天日隅宮と同じ造りでした。

鹿島神宮と出雲大社は、神武天皇即位以前の神々を祀る神社です。鹿島神宮は、タケミカヅチの本源と定められている鹿島の地で、数十度以上の回数の遷宮においても厳守されてきた古儀、つまり『当社列伝記』の言う「内陣の例法」でつくられてきました。

この古儀が出雲大社にも共通していて、出雲大社もまた二〇〇〇余年、横向きの神座という例式が厳守されてきたのです。

大国主神のためにつくられた神殿は『古事記』では杵築宮と呼ばれ、現在でも出雲大社は別名を杵築宮といいます。

つまり、大社造りと呼ばれる出雲大社の社殿は、高天原の天日隅宮の面影を、神代の昔からはるか現代まで伝えているのです。

そして、この社殿は、国譲り神話において、タケミカヅチたちによって造られたものでした。その内陣は、鹿島における神殿内陣に対応するかたちで造られたのだと考えられます。タケミカヅチが心得ていた天日隅宮の建築方法が、大国主神の神殿・杵築宮に採用され、出雲大社の原型となりました。

ということは、タケミカヅチが鹿島にいた時代つまり天孫降臨の前の時代に、東国では社殿形式の原型が確立したということになります。

これはまた、出雲大社よりも早く鹿島神宮が成立していたということを意味します。出雲大社創立の主宰者だった大国主神という存在がそうであるように、タケミカヅチという神もまた、実在した人物を神話化した可能性が高いのです。

鹿島神宮はどのようにできたか

鹿島神宮の形式は伊勢神宮には見られません。

なぜかというと、鹿島神宮が、大和民族が天孫降臨の時期に農耕文化を身につけて倉形型式から発展させた唯一神明造を完成させた時代よりはるか以前につくられたからです。

『鹿島神宮誌』には、次のように書かれています。

《当神宮は神武天皇の御即位の年に創祀されているから、その時に社殿もできたと思われる。しかし、それ以前にも神子神孫が奉斎していたであろうから、社殿ももっと前からあったと思われる。しかし、いずれにせよ太古の家屋は簡素で久しくはもたなかったであろう》

鹿島神宮造営修理の記録が、天智天皇の時代にあります。『常陸国風土記』に《淡海の大津の朝（天智朝）に初めて使いの人を派遣して神の宮を造らせた。それ以来、修理を絶やさない》（前掲書『風土記』）とあります。

「初めて」というのは、使いの人を派遣するのが初めて、という意味です。造営はその土地の人に任せていたのを、ここに初めて都から人を送った、ということです。

《修理を絶やさない》という箇所は、出雲大社の六〇年に一度の造替遷宮、伊勢神宮の二〇年に一度の式年遷宮を思い起こさせます。掘立柱や草葺屋根の耐久年数は二〇年ほどが限界で、そのせいもあって、東国の鹿島神宮に修理の使いを送っていたものと想像できます。

原初の鹿島神宮を思わせるのが、二〇一四年（平成二六年）に再興された大鳥居です。東日本大震災で倒壊した花崗岩製のものを、境内の杉の木四本を使い、完全に木製でつくりあげました。

貫《ぬき》と呼ばれる部分をのぞいては、杉材は表皮を向いただけで加工されてはおらず、笠木は太い方を社外から見て左側にする他に例のないつくり方がなされています。

鹿島神宮の最初の社殿も、表皮を剥いただけの木材でつくられていたかもしれません。柱もまた相当に太く、社殿も豪壮で、鹿島神宮は今もまた大きな神社ですが、当初どれだけの大きさをもっていた神宮なのかは推測がつきません。

出雲大社の本殿遺構から出た遺物によって、一メートル強の大材を三本合わせて直径三メートル強の巨大柱を作成していたことがわかりました。

しかし、さらに昔の、人為的に伐採されることも少なかっただろう弥生時代の自然林では、木の平均年齢も高く、直径三メートル級の樹木が豊富にあったのかもしれません。

出雲大社本殿遺構での考古学的発見と、それをきっかけに導かれもした出雲大社と鹿島神宮の建築上の類似への注目は、『古事記』と『日本書紀』の、特に神話部分の記述を史実としてまず捉えたらどうかという、重要な認識転換を呼び込むことになりました。

記紀をあらためてよく見直したほうがいいというのは、ついここ二〇年ほどの間の変化から生まれた、きわめて現代的な要請なのです。

記紀に書かれていないことの重要性

私は、『古事記』と『日本書紀』について、三つの重大な欠落を問題にしなければならないと考えています。

一つ目の欠落は、東国についての記述の少なさです。

たとえば、神武天皇の東征ですが、その東征の「東」は九州から見た東です。つまり、奈良、大和までの統一が語られ、中部より東、関東や東北が出てきません。日本列島の三分の二にあたる領域の統一ということがまるで無視されています。

これは、東国は蝦夷地と呼ばれる僻地であると考えられていたからです。後に、景行天皇の御代にヤマトタケルが統制して、東国をヤマト政権下に置いたことになっています。

しかし、どうでしょう。鹿島から出たタケミカヅチが大国主神に国を譲らせたことを考えると、神武天皇以前においては、東国の方が強大だったとは言えないでしょうか。

二つ目の欠落は、富士山が出てこない、ということです。

大和地方の様子や三輪山の信仰のことは書かれていますが、東国の富士山については記述がありません。成立に数十年のタイムラグしかない『万葉集』には登場しますから、当時の人々が富士山を知らなかったはずはありません。

三つ目の欠落は、天皇の歴史を記述しておきながら、前方後円墳についての記事がないことです。

日本国内には、三〇〇メートル以上の大型古墳が七基、一〇〇メートル以上の古墳が三〇二基をはじめ、総数二〇万基とも言われる古墳が存在します。

記紀には、これだけの建造物についての記述がなく、これはまた、現在、古墳が天皇陵として認知されなくなった原因ともなっています。

仁徳天皇陵などは、延べ六八〇万人もの労働力を要したという現代建築企業の概算もあります。国家的大事業だったことは間違いないはずですが、触れられていません。

当然書かれてあってしかるべきものが書かれていないということは、そこに、意図的なものがあるはずだと私は考えています。

私は著書『美しい形の日本』（ビジネス社、二〇一三年）の中で「文字より「形」の日本文化」という論文を書き、「日本人の習慣として、形で表現されているものは文字として残さない傾向がある」と述べました。

詳しくは『美しい形の日本』をお読みいただければと思いますが、文字に残すことで、聖なる場所の崇高さが壊される、つまり神話的世界が破壊される、という考え方が日本人の中にあったのです。

関東を語らないということは、関東に聖なる場所があった、ということを意味します。

富士山も、また、古墳も、聖なる場所であって、語ることにはそれを穢す危険性があると考えられていたのです。

記紀には、忌避の念によって書かれなかった部分があります。『古事記』と『日本書紀』が沈黙した歴史的事実を、いまこそ解き明かしていかなければいけません。

語られない大ヒーロー、タケミカヅチ

タケミカヅチは、高天原の天照大神の命を受け、大国主神が統治する葦原中国に降り、「国譲り」を成就させる、いわばヒーローです。鹿島神宮は、このタケミカヅチを祭神としています。

しかし、貢献の大きさの割に、タケミカヅチにまつわる話は記紀ではあまり語られません。

現代の研究者もまた同じくです。現在のさまざまな神話研究を眺めてみても、東国を統一した神としてヤマトタケルは各研究対象となっていますが、神武天皇以前の日本統一を果たしたタケミカヅチは、一部の研究者を除いてなぜかほとんど無視されています。

また、『延喜式』において、伊勢神宮と並んで「神宮」の称号が許されているのは鹿島

神宮と香取神宮だけです。

日本を考えるというテーマにおいて、伊勢神宮が研究されることはしばしばありますが、東国の鹿島、香取の神宮については、なぜかあまり研究されることがありません。『鹿島神宮文書』（鹿島神宮編、一九四二年）が一九九七年（平成九年）に再販されていますが、本格的な研究は少ないのです。

鹿島神宮の研究の基本的な書物に、鹿島神宮累代の社家にあたる東実氏の『鹿島神宮』（学生社、一九六八年）という著作があります。アカデミズムにいる歴史家や考古学者が無視してきた日本国史の欠落を補う、たいへん重要な研究です。

神武天皇が国家統一を果たす前の時代に、二大文化圏として栄えた高天原と出雲を一体化することに尽力したのがタケミカヅチです。

タケミカヅチはもちろん武に長けた神ではありましたが、武力を先んじさせて国譲りをさせたわけではありません。

武力ということであれば、出雲の勢力は一大勢力ですから、タケミカヅチをはじめとする派遣軍を撃退するくらいのことはできたでしょう。

タケミナカタとの力くらべにしても、軍事行為というようなことではなく、今にその起源と伝わっている通り、相撲のようなものでした。

国譲りは、武力や軍事的圧力ではどうにもできない難事業だったのです。上滑りの弁舌も用をなさず、真心と道理と勇気のみがなしとげられる事業でした。

『日本書紀』は、次のように伝えています。

《そこで大己貴神（大国主神）は、その御子のことばを二柱の神につげられて、「わが頼みとした子はもういません。だから私も身を引きましょう。もし私が抵抗したら、国内の諸神もきっと同じように戦うでしょう。今私が身を引けば、誰もあえて戦わないでしょう」といわれた。そこで国を平げられたときに用いられた広鉾を、二柱の神に奉られていわれるのに、「私はこの矛を以て、ことをなしとげました。天孫がもしこの矛を用いて、国に臨まれたら、きっと平安になるでしょう。今から私は幽界に参りましょう」と。いい終ると共に隠れてしまわれた》

（前掲書『全現代語訳日本書紀』神代・下）

この大国主神の言葉は、武力ならば負けはしないという意味を含んでいます。大国主神は、武力では何も解決しない一線を理解して、国譲りをしました。タケミカヅチの背後にある、高天原の大きな力というものを恐れて譲ったのです。

大国主神は誠意をもって、高天原からの使者に相対しています。その誠意に対して、高天原も誠意で応えます。

『日本書紀』には異伝として、次のように書かれています。

《高皇産霊尊は二柱の神を再び遣わして、大己貴神（大国主神）に勅していわれるのに、「今お前の言うことを聞くと、深く理に叶っている。それで詳しく条件を揃えて申しましょう。あなたが行われる現世の政治のことは、皇孫が致しましょう。あなたは幽界の神事を受持って下さい。またあなたが住むべき宮居は、今お造りいたしますが、千尋もある栲の縄でゆわえて、しっかりと結びつくりましょう。その宮を造るきまりは、柱は高く太く、板は広く厚くいたしましょう。また供田を作りましょう。またあなたが行き来して海に遊ばれる備えのために、高い橋や水上に浮いた橋、鳥のように速く駆ける船など造りましょう。また天上の安河にかけ外しのできる橋を造りましょう。また幾重にも革を縫い合わせた白楯を造りましょう。またあなたの祭祀を掌るのは、天穂日命がいたします」と。そこで大己貴神が答えていわれるのに、「天神のおっしゃることは、こんなにも行き届いている。どうして仰せに従わないことがありましょうか。私が治めるこの世のことは、皇孫がまさに治められるべきです。私は退いて幽界の神事を担当しましょう」と。そこで岐神（猿田彦神）を二神に勧めていわれるのに、「これが私に代ってお仕え申し上げるでしょう。私は今ここから退去します」といって、体に八坂瓊の大きな玉をつけて、永久にお隠れになった》

（前掲書『全現代語訳日本書紀』神代・下）

平和裏に国を譲った大国主神に対して高天原は最大限の待遇をしています。

この世は皇孫が治め、神々の世は大国主神にまかされることになりました。国譲りは、高天原と葦原中国、それぞれ殺された者は一人もなく、理解と思いやりのうえで無事に終わったのです。

タケミカヅチは、強大な武力をもつ神であるとともに、大国主神と交渉を行った有能な政治家でした。国という共同体の中にあり、日本国家の統一という重責を担いました。日本の確立はここに源を発します。神武天皇以前に、たいへん重要な人物がいたことを示唆しています。

別名が一〇近くあるタケミカヅチ

タケミカヅチは、さまざまな文献に登場しており、名前だけで一〇近いパターンがあります。
『古事記』では、建御雷神、建御雷之男神、豊《トヨ》布《フ》都神《ツノカミ》です。『日本書紀』には、武甕槌神、武甕雷神と書かれています。『古語拾遺』では武甕槌神、『旧事本紀』では建甕槌之男神、建《タケ》布《フ》都神《ツノカミ》、豊《トヨ》布《フ》都神《ツノカミ》です。『続日本後紀』と『春日祭祝詞』では建御賀豆智命、『常陸国風土記』では香《カ》嶋《シマノ》天《アメ》之《ノ》大神《オオカミ》です。

漢字での書き方はこのようにさまざまにありますが、すべて『古事記』『日本書紀』のタケミカヅチノカミの音からの発生だと考えていいでしょう。

「タケ」は猛々しいという意味です。それが、「建」とも「武」とも書かれます。ミカヅチは雷の意味です。原初は、雷神のような自然神だったのではないかと想像されます。

ここでは、『古事記』で使われている漢字名「建御雷神」をあてて、タケミカヅチがどんな神だったのかを見ていくことにします。

神話は建御雷神の誕生を、「イザナギ、イザナミの男女二人の祖神が国々を生み、神々を生んだときに、火の神カグツチを生んだ。火の神であったため、イザナミの神が火傷をして死んでしまった。怒ったイザナギの神がイツノオハバリという名の刀を抜いて火の神カグツチを斬り殺した。するとその血が湯津石村というところになだれついて、そこに生まれた神々のうちの一人が建御雷神だった」と伝えます。
『古事記』にある記述は次のとおりです。

《このお隠れになった伊邪那美の命は出雲の国と伯耆の国との境にある比婆の山にお葬り申し上げました。ここに伊邪那岐の命は、お佩きになっていた長い剣を抜いて御子の迦具土の神の頸をお斬りになりました。その剣の先についた血が清らかな巌に走りついて出現した神の名は、石析《イハサク》の神。次に根析《ネサク》の神、次に石筒《イワヅツ》の男《オ》の神であります。次にその剣のもとの方についた血も、巌に走りついて出現した神の名は、甕速日《ミカハヤヒ》の神、次に樋速日《ヒハヤヒ》の神、次に建御雷《タケミカヅチ》の男《オ》の神、またの名は建布都《タケフツ》の神、またの名は豊布都《トヨフツ》の神という神です》

（前掲書『新訂古事記』上つ巻）

『日本書紀』には次のように書かれています。

《ついに腰に下げた長い剣を抜いて、軻遇突智を斬って三つに断たれた。その各々が神となった。また剣の刃からしたたる血が、天の安河のほとりにある沢山の岩群となった。これは経津《フツ》主神《ヌシノカミ》の先祖である。また剣のつばからしたたる血がそそいで神となった。名づけて甕速日神《ミカハヤヒノカミ》という。次に熯之速日神《ヒノハヤヒノカミ》が生まれた。その甕速日神は、武甕槌神《タケミカヅチノカミ》の先祖である。または、甕速日命、次に熯之速日命。次に武甕槌神が生まれたともいう》（前掲書『全現代語訳日本書紀』）

記紀ともに、建御雷神はカグツチの血から生まれたと書いています。

火の国カグツチを生んだことで火傷を負って死んでしまったイザナミは《出雲の国と伯耆の国との境にある比婆の山に》葬られます。

イザナギは「美しいわが妻の命よ。私はお前と作った国がまだ終わらないのが残念でしかたがない。ぜひ還ってくれないか」と言いますが、イザナミは、「黄泉の国の食事をしてしまったので帰れない」と答えます。

イザナギに顔を絶対に見ない約束をさせて他の神々と相談するイザナミでしたが、イザナギが、死後のイザナミの醜い姿を見てしまいます。

イザナギは追われ、やっと逃げ帰った後に「禊」を行い、アマテラス、スサノオたちを、顔の一部から生み出すことになります。

つまり、建御雷神は、アマテラスやスサノオよりも前に生まれている先輩格の神です。大国主神はスサノオの後の世代ですから、さらに先輩格にあたります。

国譲り神話では、記紀ともに、二柱の神が派遣されます。

『古事記』では主神が建御雷神、副神として天鳥船神《アマノトリフネ》がつきます。『日本書紀』では主神が経津主神《フツヌシ》、副神が建御雷神です。建御雷神は鹿島神宮の祭神、経津主神は香取神宮の祭神であることにも注意しておきましょう。

『古事記』には、経津主神については何も書かれていません。同様に、『日本書紀』には天鳥船神は登場しません。

記紀に通じているのは、主神・副神はともかく、とにかく建御雷神は確実に出雲に派遣された、ということです。

建御雷神には建布都《タケフツ》、豊布都《トヨフツ》という別名があり、建御雷神と経津主神は同一の神である、と考えることもできるでしょう。

出雲における国譲りの成果だけでもたいしたものですが、建御雷神はその他にも功績を上げています。

『古事記』では簡単に「建御雷神は、高天原に戻って、葦原中国を説得して平和にしたようすを報告した」としていますが、『日本書紀』はもう少し詳細に触れています。

正伝に注のかたちで、《あるいはいう。二神は邪神や草木・石に至るまで皆平げられた。従わないのは、星の神の香香背男《カカセオ》だけとなった。そこで建葉槌命《タケハツチノミコト》を遣わして服させた。

そこで二神は天に上られたという》（前掲書『全現代語訳日本書紀』）と書かれています。

経津主神と建御雷神は、大国主神との交渉を成功させた後、葦原中国の各地を廻って平定を行ったのです。

香香背男という神について『日本書紀』には、異伝として、天神から葦原中国平定の命を受けた経津主神と武甕槌神が、「天に悪い神がいます。名を天津甕星《アマツミカホシ》といいます。またの名は天香香背男《アマノカカセオ》です。どうかまずこの神を取り除いて、それから降って、葦原中国を平げさせていただきたい」と言ったと書かれています。

天香香背男は、現在の茨城県にあたる常陸の大甕を本拠地としていました。派遣された建葉槌命は、同じく茨城県の「静」という地に陣を構えて大甕にいた天香香背男を討伐したと伝えられ、その遺跡が残っています。

「葦原中国」とはどこを指すか

葦原中国とは、基本的に、高天原側が自分たち以外の国を指す時に使う言葉です。ただし、『古事記』の中で神話の進行とともに、それが指す範囲が変化します。

イザナギ・イザナミの時代には、葦原中国は高天原と対比される下界を指しています。

国譲りの時代には、葦原中国は、出雲を中心に、建御雷神が出た常陸を除く全国を示しています。

天孫降臨の時代には、葦原中国は九州の日向を指していることが示唆されています。

神武天皇東征の時代には、葦原中国は熊野を中心とした地方を指しています。

考え方としては、日本民族が理想を抱いて統一しようとする地方のことを「葦原中国」と呼んだ、ということでいいでしょう。イザナギ・イザナミ時代の葦原中国がほぼ全国を指しているのは、全国が統一された頃にこの創世神話が成立したことを示していると言えます。

大国主神が山陰地方だけでなく、山陽、近畿の地方まで治めていたことは、大和の大神《おおみわ》神社の縁起によって知られています。

大国主神は、自分の幸魂《さきたま》奇魂《きたま》を祀って、広く国を治めました。

したがって、天孫降臨で九州に降り、その流れで神武の東征へと至るためにはまず、瀬戸内海を通行するための山陽・近畿の平定が必要だった、つまり大国主神に対する国譲りが必要だった、とも考えられます。

大国主神は、単に出雲の領主ではなく、神武天皇以前に列島を広範囲にわたって平定していたと考えられます。

全国各地に存在する大国主神系の神社がそれを物語っています。

奈良の三輪山の大神神社は大物主命が祭神であり、四国の金毘羅宮も大物主命が祭神です。武蔵国としては、東京都府中市に大國魂神社があります。関東には、須佐之男命と大国主神を共に祀る氷川神社がたくさんあります。

大国主神を祭神としている神社が全国にわたっていることから、国譲りが行われる前の日本は大国主神を戴いて統治が行われていたと推測することができます。

もちろん、神社自身はつくられたものが多いのですが、人々の間に伝承されてきた歴史の記憶が大国主神を祀る神社をつくられたと言うことができるでしょう。

では、大国主神に対して建御雷神が帰属していたところの高天原とは、どこだったのでしょうか。

それはつまり、イザナギ・イザナミがいた高天原はどこだったのか、という問題です。

高天原と茨城県の鹿島

高天原はどこか、という問題を考えるにあたってまず参考にすべきなのは、『常陸国風土記』です。現存している風土記の中で、唯一、次のように高天原からの天孫降臨を伝えています。

《清と濁と集まることができて、天と地がひらけはじめるより前に、諸祖天神が八百万の神たちを高天の原につどい集められた。その時、諸祖神が告げていうには、「いま、わが御孫命《ミマノミコト》が豊葦原水穂之国を治めにお降りになる」と仰せられた。このとき高天の原から降って来られた大神は御名を香島の天の大神と申し、天にてはすなわち日の香島の宮と号し、地にてはすなわち豊香島の宮と名づける。（土地の人はいう、「豊葦原水穂の国を依さし奉らんと詔り給えるに、荒ぶる神たち、また石根・木立・草の片葉まで言問い、昼はさ蠅の音ない、夜は火のかがやく国、これを事向け平定《やは》さん大御神として天降り仕えまつりき」）》　（前掲書『風土記』常陸国風土記・香島の郡）

《高天の原から降って来られた大神は御名を香島の天の大神と申し、天にてはすなわち日の香島の宮と号し、地にてはすなわち豊香島の宮と名づける》という記述から、鹿島という地は少なくとも高天原から降りられた神が住む地である、という認識があったことがわかります。

『続日本紀』の養老七年にはじめて「鹿島」の字が出ており、その頃に地名の表記が「香島」から「鹿島」に改められたと考えられています。

「かしま」と言い習わされていた地名は、おそらく、中央政府からの行政的要請で「鹿島」に固定されたのでしょう。

「鹿島」という地名の発祥としては、甕山を起こりとする香島の香が鹿に変わったとするとする甕島説や、神が鎮まる島としての神島《かみしま》説があります。

神島という名は、当然、高天原に関係するでしょう。天《あま》は海《あま》と同一の起源を持つ言葉です。

なお、「香島」を「かぐしま」と言っていた可能性もあります。これは、実は、鹿島と鹿児島の関係を示唆しています。

天孫降臨の出発の地である「香島」と天孫が降臨した地「鹿児島」とが、ほぼ同じ名であることに注意しましょう。

香島の命名は建御雷神が活躍した時代だと考えられます。それが鹿にまつわる命名であったとしても、「かぐしま」あるいは「かごしま」と呼ぶことに変わりはありません。『古事記』では、鹿の神を天迦久神《アメノカグノカミ》といいます。「かご」は鹿の愛称なのです。

当時は香島を「かぐしま」と呼んでいたのが、「かしま」と略されることもあり、中央では「かしま」と言っていたのでしょう。この名前の関連は、鹿島と鹿児島のつながりを示しています。

つまり、平定事業のために鹿島から船で出発するということが、高天原の神々が降臨するということなのです。

鹿島は「天孫降臨」の出発点

鹿島神宮には「御船祭」という大祭があります。

一二年に一度の聖代に、七月上旬から中旬にかけて行われる、鹿島・坂戸・沼尾の三社から三隻の御船を、香取神宮に向かって出す祭りです。

鹿島神宮の『当社列伝』には御船祭について、《我が朝第一の祭礼であって、三韓降伏天下泰平の大神事》と書かれています。

また、《天地も動くばかりにきこゆるは　あづまの宮の神のみいくさ　天下治《あめがしたおさ》め《し事は古りぬれど　昔を見する神の御軍》とも書かれています。

「天下治《あめがしたおさ》め」というのはたいへんに興味深い表現です。

天が下を治める、ということです。これは、高天原系の神武天皇が列島を統治することと同一の意味をもっています。鹿島神宮は高天原の神々の降臨に深く関係し、御船を用意して送り出すことをその中心的役割としました。

「鹿島立ち」という言い回しをご存知でしょうか。旅行に出発すること、門出などを表現する言葉です。

これは、常陸国の防人が鹿島神宮に集合して鹿島から赴任先の九州に船で向かったこと

図8　御船祭　１２年ごとに行われる

が発祥です。六六三年の「白村江の戦い」で破れた日本が大陸からの侵攻を恐れて九州に派遣することにした兵が防人です。鹿島神宮では毎年三月九日に「祭頭祭」が行われますが、これはこの「鹿島立ち」を今に伝える祭りです。人々は、六尺の樫の棒を持ち、祭頭歌をうたいながら棒を組んだりほぐしたりしながら市中を練り歩きます。天武天皇の時代から始まった、防人の出立を祝う祭りです。

防人は、九州までの遠路を果敢に船でわたっていきました。さらにさかのぼって、同じく九州に向かう高天原の神々の様子を御船祭に関連付けることができるでしょう。

『万葉集』に、次の歌があります。

《霰降り　鹿島の神を　祈りつつ　皇御軍《すめらみくさ》に　我は来にしを》

（「防人歌」『万葉集』巻二〇、四三七〇）

「霰降り」は、かしましい、ということから鹿島にかかる枕詞で、鹿島の神とは、間違いなく建御雷神のことです。

「鹿島立ち」に残る防人の出立だけでなく、防人よりもはるかに時をさかのぼった時代に鹿島を出発していった神々の船団を「御船祭」の盛大な船の出立に見るのは決して無理なことではありません。

鹿島神宮の『当社列伝』にある《昔を見する神の御軍》とは、鹿島から鹿児島へと向かう《神の御軍》であり、おそらく、神武天皇に霊剣を降ろしたという表現で象徴される建御雷神の軍です。

また、同書にある《大宮柱太敷立て始り給う事、時に神武天皇元年辛酉の歳なり》という記述にも結びつきます。

神武天皇は、まさにこの鹿島から船出して鹿児島に向かった船団によって九州から西国を統一することができたのです。このことが鹿島神宮の、神武天皇元年に宮柱を建てた、という由緒に結びついていると考えられるでしょう。

『常陸国風土記』の《高天の原から降って来られた大神は御名を香島の天の大神と申し、天にてはすなわち日の香島の宮と号し、地にてはすなわち豊香島の宮と名づける》という記述の「香島の天の大神」もまた、もちろん建御雷神です。

高天原に香島の宮があり、豊葦原の水穂の国には豊香島の宮があります。

同じ香島の宮であり、高天原は鹿島地方の上の天にあると解釈するのに十分な表現が、ここにはあります。

今も鹿島にある地名「高天原」

茨城県鹿嶋市には、今も「高天原」という地名が存在します。鹿島神宮から三キロメートルほど離れたところにあり、鹿島神宮の飛び地の境内となっています。

前出の東実氏は次のように述べています。

《砂地ぎみのひろびろとした台地で、高天原には美しい松林が一面に生い茂っている。その東は、すぐ三百メートルほど下がって鹿島灘の海岸である。この高天原の東の隅には、鬼塚と呼ばれる全長八〇メートルほどの、大古墳があり、その上に立つと、太平洋は一望のもとにおさめられ、西北に筑波山をのぞむ絶景の地である。そして、その中央には、朱無川という水源地もわからなければ、下流がどこに消えるのかわからない不思議な川が流れている。鹿島神宮の祭神、武甕槌神は、高天原から派遣されて出雲に国譲りの交渉をしたが、この高天原が、神話のなかの高天原であったのだろうか》

（前掲書『鹿島神宮』）

東実氏は、高天原と呼ばれている場所が茨城県にあと二箇所、この他にあるとして紹介しています。全部で三箇所です。

1．鹿島神宮の飛び地の境内で、本宮から約三キロメートル東に行った鹿島灘に面した高台
2．筑波山の中腹にある、岩石が重なり合っているところで、やはり眺望の良い場所
3．水戸市外にあり、新井白石の『古書通』に天御中主神が君として書かれている那珂国にあたり、田畑と住居地帯の入り混じったところ

この三箇所は、すべて、祖神をしのんで後世に命名されたものと考えられます。どれも、そこが高天原だったということではなく、その情景が、高天原がこの近くにあるということを思わせる場所です。

一の場所は周囲が丘陵で、さらにその中に古墳の大丘陵が存在しています。二の場所は、岩山がそびえ立つ筑波山内にあります。三の場所は平野ですが、さほど遠くないところに那珂川が流れています。どれも、自然の起伏の中で周囲に調和した場所で、かつての高天原を想像させる場所です。

記紀に書かれた「高天原」

高天原が、記紀にはどのように書かれているか見ていきましょう。

まず、記紀それぞれ、初めて高天原が登場するのは、次の箇所です。両書ともに高天原は、アメノミナカヌシノカミ誕生の場、宇宙の根本的な場所として書かれています。

【古事記】上つ巻

《天地の初発のとき、高天原に成りませる神の名は、天之御中主神《アメノミナカヌシノカミ》。次に高御産巣日《タカミムスヒノ》神《カミ》。次に神産巣日神《カミムスヒノカミ》。この三柱の神は、みな独神に成りまして、身を隠したまひき》

【日本書紀】神代上

《一書に曰はく、天地の初めて判るるとき、始めて倶に生りいずる神有す。国常立《クニトコタチノ》尊《ミコト》と号す。つぎに国狭槌尊《クニノサヅチノミコト》また曰はく、高天原に生れませる神の名を天御中主《アメノミナカヌシノカミ》尊と曰す》

天照大神が隠れてしまう天石屋戸の段では次のように書かれています。

『古事記』では高天原が特別な場所のようには書かれていません。また、『日本書紀』においては、この場面に高天原という言葉は出てきませんが、《六合《くに》（国のこと）の内常闇にして》と、高天原と葦原中国のふたつの世界が別のようには表現されていません。

【古事記】上つ巻

《かれここに天照大御神みかしこみて、天石屋戸をたてて、さしこもりましき、すなわち高天原皆暗く、葦原中国悉ことごとに暗し》

【日本書紀】神代上

《是の時に天照大神おどろきたまひて、梭を以て身を傷ましむ。是によりていかりまして、すなわち天石窟に入りまして、磐戸を閉さしてかくりましぬ。故れ、六合《くに》（国のこと）の内常闇にして、昼夜の相代わるまきも知らず》

天孫降臨の場面では次のように書かれています。

高天原はアメノミナカヌシノカミが誕生した尊い場所であるはずですが、そうした尊い場所と同一であるとはわからない表現になっています。《日本書紀》では、《降りまさむ》という表現に、「高天原から」ということを思わせるのみです。

【古事記】上つ巻
《ここに日子番邇邇芸命《ヒコホノニニギノミコト》、天降りまさむとする時に、天の八衢に居て、上は高天原に光らし、下は葦原中国を光らす神ここにあり》
【日本書紀】神代下
《已にして降りまさむという間に、先駈者還りて白さく、「ひとりの神有りて、天八達之八衢に居り。其の鼻の長さ七あた、背の長さ七さか餘り。まさに七尋と言ふべし」》

記紀に、「高天原」が最後に登場するのは次の箇所です。

『古事記』では、どこか高天原は九州あたりを思わせています。韓国《からくに》との位置関係が書かれ、朝日が上り、夕日が照らす、いとよき地、と書かれ、高天原が一般の土地とは違う場所であるという印象はありません。

『日本書紀』では、持統天皇の名に高天原がつけられているのが最後です。高天原という言葉をその名につけた理由については書かれていません。

【古事記】上つ巻
《ここに詔りたまはく、「此地は韓国に向い、笠沙の御前にま来通りて、朝日の直刺す

国、夕日の照る国なり。かれ此地ぞいと吉き地」と詔りたまひて、底つ石根に宮柱太しり、高天原に氷ぎ高しりてましましき》

【日本書紀】持統天皇
《高天原《タカマノハラ》広野《ヒロノ》姫《ヒメノ》天皇《スメラミコト》（持統天皇）は、少の名は鸕野《ウノ》讃良皇女《サララノヒメミコ》とまうす。天命開《アメミコトヒラカス》別《ワケノ》天皇《スメラミコト》（天智天皇）の第二女なり》

当初の高天原は、アメノミナカヌシノカミが誕生した尊い場所であり、幻想的で現実離れしている場所のように見えます。それが、後の方では、特別な世界があったということは強調されません。

つまり、高天原は最初は天高く抽象的な幻想世界だったけれども、神々が住むようになって段々と現実の地上における世界に降ってきて、最終的には追憶の場所となった、ということになるでしょう。たとえばギリシャ神話に見られるオリンポスのような、神話として完成される前段階で確立した、理想化された世界であるとは思えません。

ギリシャ神話では、神々は実際のギリシャ半島と周辺の島々を舞台として幻想的な物語が展開されています。幻想の世界は、現実の世界を舞台としていながらも、現実世界からは自立していました。

日本神話では、高天原というものが変化していきます。
民俗学者の折口信夫は次のように述べています。

《さて高天原を考えた人民は、少なくとも高原に住んでいた人間であらねばならぬ。山地の人の常として、標山思想とを抱いて、神は天から降るものと考へていた。で、少なくとも宗教神と祖神との混同から、浄土と祖国とを一つにして、高天ヶ原という異郷を考へてゐたものと信じる》

（「異郷意識の進展」一九一六年）

人間というものは、確かに、高いところに憧れます。高天原の由来はそこにあると考えていいでしょう。

日本は特に山の多い国です。山に囲まれて暮らす人々は高い山を仰ぎ、そこに特別な霊魂を感じたことでしょう。日本人は、「山人＝大和」民族なのです。

そして、高い山に高天原を想像するとすれば、その高い山にふさわしい山の第一は富士山の他にありません。

高天原と「富士山」

高天原と富士山との関係は、タケミカヅチの誕生を見ていくことで明らかになっていきます。

すでに述べましたが、神話はタケミカヅチの誕生を、「イザナギ、イザナミの男女二人の祖神が国々を生み、神々を生んだときに、火の神カグツチを生んだ。火の神であったため、イザナミの神が火傷をして死んでしまった。怒ったイザナギの神がイツノオハバリという名の刀を抜いて火の神カグツチを斬り殺した。するとその血が湯津石村というところになだれついて、そこに生まれた神々のうちの一人が建御雷神だった」と伝えます。

図9　筑波山から遠望した富士山

火の神カグツチを生んだ、というのは、火山を生じさせた、とも推測できます。ここには、山地における火山活動と周囲の高原の有様が展開されていると考えることができるでしょう。

イザナギが火山を刀で罰し、流れた血が湯津石村という地に流れ着き、そこで生まれた一神がタケミカヅチでした。

これは、タケミカヅチが火山活動によって生まれた神であるということを示しています。前出の東実氏は、『古事記』の中の二二もの神々が火の神カグツチが生まれてから生まれた神々であるということは火山活動のすさまじさを表したものだ、と述べています。

富士山には一〇回以上の噴火記録があり、噴煙が絶えない火山だったことは歴史的事実です。

富士山に鎮座して東日本一帯を守護する神はコノハナサクヤヒメですが、これは、火中出産の説話から火の神とされたコノハナサクヤヒメが、父にあたる各地の山を統括する神・オオヤマツミから火山かつ日本一の秀峰である富士山を譲られたからです。

富士山の付近には数多くの神社があります。「富士」という言葉を冠とするものもないものもありますが、いずれも浅間神社と呼ばれています。お浅間さん、と呼ばれて親しまれている神社は、富士山を御神体とし、コノハナサクヤヒメを祭神としています。

もしも蝦夷の南下がなければ、「富士山」は「浅間山」だったことでしょう。最古・最大の浅間山は関東平野のどこからも見える名山です。タケミカヅチの本源である常陸の地は平らかで、その姿が、ひときわ美しく望めることは今でも変わりません。

そして、富士山麓というところは、タケミカヅチの誕生地にふさわしい物理的な条件を備えています。

タケミカヅチ誕生の頃の高天原には、少なくとも、火の神カグツチに象徴される「火山」と、タケミカヅチの父がせき止めていた天安河という「川」と、そして、妻の死に流したイザナギの涙から生まれた泣沢女神《ナキサワメノカミ》が住む天香山という「山」がありました。

つまり高天原は、火山活動のはげしい山岳地帯の高原で、川があり、川には急流の部分があり、山を崩すことによって川をせきとめることのできる可能性がある、そういった場所だ、ということです。

前出の東実氏は、このような場所を実際に探せば富士山麓の山梨県側が挙げられる、としています。

山梨県はかつて「甲斐国」と呼ばれました。甲斐とは「峡」という意味で、四方を山に囲まれた地です。川はすべて峡谷を流れており、富士の溶岩流でできた地形が多く、高原地帯です。

そして、ほど近くに長野県の諏訪大社があります。諏訪大社は、タケミカヅチに追われて諏訪湖に逃げ、そこで国譲りを承知したタケミナカタを祭神とする神社です。

富士山麓の形状が神話における高天原の描写に似ていることが、また、タケミカヅチの誕生の地であることとも、諏訪大社が近くにあることとも関係しています。

富士山が高天原だった、また、少なくとも富士山が高天原の候補地のひとつであることは間違いないのです。

高天原と「常陸国」

『常陸国風土記』に次のような記述があります。

《ここから西に高来《たかく》の里がある。古老のいうことには、「天地の権輿《つくりはじめ》、草木がものをよく言うことができたとき、天より降って来た神、お名前を普都大神と申す神が、葦原中津之国を巡り歩いて、山や河の荒ぶる邪魔ものたちをやわらげ平らげた。大神がすっかり帰順させおわり、心の中に天に帰ろうと思われた。その時、身におつけになっていた器杖の甲・戈・楯およびお持ちになっていた美しい玉類をすべてことごとく脱ぎ棄ててこの地に留め置いて、ただちに白雲に乗って蒼天に昇ってお帰りになった」》

（前掲書『風土記』常陸国風土記・信太の郡）

つまり、常陸国は、ある境からは葦原中国として認識されているということです。

また、次のような記述があります。建借間命《タケカシマノミコト》とは、崇神天皇の御代に東方の平定に遣わされた軍人です。

《建借間命は天を仰いで神に祈誓して、「もし天人《あまつひと》の烟ならば、こちらに来て私の上に覆いたなびけ。もし荒賊の烟ならば、むこうに去って海上にたなびけ」といった》

（前掲書『風土記』常陸国風土記・行方の郡）

これは、常陸国に天人が住んでいたということを示しています。常陸国は高天原から近い所にある地であり、そこから天人がやってきていたのです。

また、『伊勢国風土記』の逸文に、次の記述があります。神武天皇についての記述の一部です。

《また天日別命《アメノヒワケノミコト》に勅して「はるか天津の方に国がある、ただちにその国をたいらげよ」と仰せられて、天皇の将軍としての標の剣を賜った。天日別命は勅を奉じて東に入ること数百里であった》

東実氏は、これらのことは、常陸国が「天」だったことを示しているとしていますが、私は、「常陸国は天の近くにあり、そこから天神たちが頻繁に常陸国に降りてきていた」と見るべきだろうと考えています。

ここで重要なのは、少なくとも伊勢よりも東に「天」があったことを、断片的にではありますが証明している記述でもある、ということです。

東実氏は、《つまり、建借間命、天日別命の時代には、「天」はまだ実際の場所として、かすかに伝えられていたことを示すといえよう。そしてその天という場所が、従来の日本の歴史からは思いもよらない東国を示していることに注目しなければならない》と述べています。

これは、まさに卓見というものでしょう。

『常陸国風土記』には、かつては常陸国は高天原だったと思わせる記述もあります。

《天の大神の社の周りには卜氏が住んでいる。

そこは、地形が高く東と西は海に臨んでいて、峰と谷が犬の牙のように村里に交わっている。山の木と野の草が生い茂り、まるで、中庭の垣根を作っているようだ。潤い流れる崖下の泉は、朝夕の汲み水になる。大地の峰の頂きに住まいを構えれば、生い茂った松と竹とが、垣根の外を守ってくれる。谷の中腹に井戸を掘れば、生命力旺盛な葛の葉が、井戸の壁面を覆い隠す。

春、その村を歩けば、様々な草花が咲き乱れ、かぐわしい香りを放っている。秋、その道を過ぎ行けば、数多くの木々に、錦織りなす木の葉が美しい。ここはまさに、神と仙人が隠れ住んでいるような所だ。くしき力を持つ何かが生まれ出づる土地だ。その佳麗な不思議さは、とても書き表す事が出来ない。

その天の大神の社の南に郡役所があり、北に沼尾の池がある。土地の古老の話では、沼尾の池は、神代のむかしに天から流れてきた水沼だという。なるほど、池に生える蓮根は、比べる産地がないほど味わいを異にして、大変美味いとしかいいようがない。それればかりか、病に苦しむ者は、この沼の蓮を食えば、たちどころに治るという。この池には、鮒や鯉も多く生息している。この地は、以前に郡役所が置かれた所で、たくさん橘を植えていてその実も美味い》

（財団法人鹿嶋市文化スポーツ振興事業団『図説鹿嶋の歴史』より、『常陸国風土記』「香島の郡」口語訳）

「かしま」という地が、あたかも、神と人とが同居する空間として描かれています。神の恵みを享受する、当時に生きる人々の喜びが感じられます。神を祀り、神と共に日常をおくっている「かしま」の人々は常世国・常陸の中でも特別な氏族である、と考えられていたことが示されています。

タケミカヅチと「鹿島神宮」

高天原の神であるタケミカヅチがどのように鹿島にやってきて鹿島神宮の祭神となったか、ということを見ていきましょう。

鹿島神宮が鎮座している場所は茨城県鹿嶋市大字宮中字鹿島山で、鹿島地方のほぼ中央にあります。千葉県の銚子を含む今の海上郡一帯に含まれますが、この地帯は石器時代のころ、独立した島のように存在していたと言われています。

つまり、鹿島というのは、今の銚子の方から見ると、独立した島として見えたために「島」と認識されていたらしいということです。

今は銚子から海へ注ぐ関東を代表する河川・利根川は、江戸時代より前には東京湾に注いでいました。『常陸国風土記』には《東は大海、南は下総と常陸との堺なる安是の湖、西は流海、北は那賀と香島との堺なる阿多可奈の湖なり》と書かれていて、つまり昔は島だったわけです。

すでに述べましたが、香島が公式に鹿島となったのは七二三年（養老七年）のことです。旧名の香島で話を進めますが、香島にタケミカヅチが降ったのは、この地から約七〇キロメートルの大甕に住む香香背男を討伐するためでした。

討伐にあたってタケミカヅチは、建葉槌神《タケハヅチノカミ》を派遣します。つまり、直接に手を下したわけではありません。

建葉槌神は命令を受けて北に進み、瓜連《うりづら》という地に陣をかまえます。香香背男を討った後、そのまま瓜連に留まって、現在の茨城県那珂市にある静神社の祭神となりました。

また、鹿島神宮の拝殿前にある摂社高房神社には建葉槌神が祀ってあります。本宮に参拝する前にここを参拝するのが伝統で、香香背男討伐で先陣を果たしたことに由来するとされています。

図10　鹿島神宮本殿

タケミカヅチが香島に入った経路は明らかではありません。現在の潮来町大生原にある大生神社の社伝に、香島より早くタケミカヅチがここへ来た、とあることから、東実氏は、タケミカヅチは少なくとも行方郡を通ったらしいと述べています。

さらに東氏は《流海に出られ、船で流海を下り、大海（太平洋）に出て、明石の浜に上陸され、沼尾を経て香島に至ったのであろう》と述べています。明石の海岸には今も、太平洋に向かって鳥居が立てられています。

建御雷神《タケミカヅチ》の鎮座年代については、鹿島神宮の社伝に《大宮柱太敷《ふとしき》立て始り給ふ事、時に神武天皇元年辛酉の歳なり》とあります。他の古文書にも、神武天皇元年に宮柱を建てた旨が記されています。

その住居は建御雷神が神上げられた（死亡された）後にそのまま社殿として残り、神宮天皇が勅祭つまり勅使を遣わして成ったということになる、と東氏は述べています。

こうしてタケミカヅチは鹿島を本源とする神となりました。鹿島神宮は日本最古の神社のひとつで、高天原の宮殿・天日隅宮と同じ作法でタケミカヅチは祀られました。

『常陸国風土記』には、崇神天皇の御代に、おびただしい量の幣物がこの社に奉納されたことが書かれています。伊勢神宮が建てられたのは崇神天皇の時代ですから、当然、鹿島神宮はそれよりも古く、平安時代に神宮と呼ばれたのは伊勢神宮と、この鹿島神宮、香取神宮だけだったということはすでに述べました。

タケミカヅチが本源とした豊かな地

タケミカヅチが鹿島を本源とした理由を見てみましょう。なぜ、鹿島の地が選ばれたのか、また、そうした尊い場所にふさわしい地となったのか、ということです。

常陸を天とする伝承があり、少なくとも常陸は高天原に近い場所であることはすでに述べました。『常陸国風土記』には、次のように書かれていて、常陸国というところは関東にある理想郷だと考えられていたことを示しています。

《昔、祖の神の尊が諸神の処を巡り歩き、駿河の福慈の神に一夜の宿を断わられ、筑波の山に宿をとられて、そのよろこびを、愛しきかも、我が胤巍きかも　神宮　天地の竝斎　日月の共同　人民集ひ賀ぎ　飲食富豊に　代のことごと　日に日に弥栄えむ　千秋万歳に　遊楽窮らじ》（『常陸国風土記』筑波の郡）

タケミカヅチは、天孫降臨に先立って葦原中国を平定し、天孫降臨の下地をつくったのです。神武天皇が日本を統一する前に、高天原から降りたタケミカヅチが東国をしっかりと平定していた、ということです。

鹿島の周囲の海は見目浦と呼ばれます。わかめなどの海菜《みも》が豊富に採れ、また、鹿島の台地からひと目で見渡せるところからきた名前でしょう。

別名で見目明神と呼ばれる神社が、海岸までずいぶんの距離がある場所に多くありますが、もともとは鹿島から発祥した「見目」です。東氏の家に伝わる「鹿島御ものいみ由来」には「見目浦神野郷に云々」とあり、神野の高台から見渡す内海を見目浦というように書かれています。

タケミカヅチは見目浦の磐座に降り、香香背男討伐のために建葉槌命を派遣した、と社伝に伝わりますが、この時の磐座が要石として鹿島神宮に残っています。「石の御座」や「山の宮」と呼ばれていますが、この要石のところに立てば、まさに鹿島の海を眺め渡すことができます。

鹿島は四面すべて水に囲まれた島のような地でした。つまり、常陸国というのは、水の豊富な地でした。今でも潮来を中心とする水郷地帯が、日本水郷と称され、国定公園に指定されています。豊富な水が観光資源ともなっています。

常陸の地に水田耕作が広まったのは、地の利によるものです。広々とした霞ヶ浦と北利根川があり、それらの水面には筑波山の男体山、女体山の二峰が影を映します。

イザナギ・イザナミと筑波山

筑波山の筑波は、約二〇〇〇年前には「筑波」とは呼ばれていませんでした。

『常陸国風土記』に《古老の曰へらく、筑波の県《あがた》は、古《いにしえ》、紀の国と謂ひき。美麻貴の天皇の世に、采女臣《うねべのおみ》の友属《ともがらつく》筑バの命を、紀の国の国造に遣わしし時、筑バの命の曰ひしく、「身が名をば国に著けて、後の世に流伝へまく欲ふ」と曰いて、すなわち本の号を改めて、更に筑波と称ふといへり》と残されています、つまり筑波の地は「紀の国」でした。

では、筑波山のことは「紀の山」と呼ばれたかというとそうではなく、「二神山」あるいは「二上山」と呼ばれました。
『万葉集』に次の歌があります。

《鶏が鳴く　東国に　高山は　さほにあれども　朋神《ふたかみ》の　貴き山の　ナみ立ちの　見が欲し山と　神代より　人の言ひ継ぎ　国見する　筑羽の山を　冬ごもり　時じく時と　見ずて往かば　益して恋しみ　雪消する　山道すらを　なづみぞ吾が来し》

（『万葉集』巻三、三八二）

図11　筑波山

この歌では、「朋神の貴き山」です、二神山ではありません。この歌は、筑波山という名称ができてから七〇〇年も後につくられた歌ですが、旧名を偲んで歌われるほど、二神山の名は文化的に浸透していたわけです。

一方で、次のような歌もあります。

《衣手　常陸の国の　二並《ふたなみ》の　筑波の山を　見まく欲り

君来ませりと　熱けくに　汗かき嘆け　木の根取り　嘯ぶき登り　峯の上を　公に見すれば　男の神も　許し賜まひ　女の神も　ちはひ給ひて　時となく　雲居雨降る筑波嶺を　清に照らして　いふかりし　国のま秀らを　委曲に　示し賜へば　歓しみと　紐の緒解きて　家の如　解けてぞ遊ぶ　うち靡く　春見ましゆは　夏草の　茂くはあれど　今日の楽しさ》

（『万葉集』巻九、一七五三）

「二並《ふたなみ》」が、ふたがみ、二神山、二上山と通じていく歌です。現在、筑波山神社は祭神を、「筑波男大神、伊弉諾尊、男体山八七一mに祀る」「筑波女大神、伊弉冊尊、女体山八七七mに祀る」としています。

イザナギとイザナミは高天原ではなく、この筑波山に住んでいた可能性もあります。古くからの田植え歌に、《あれみなさい、つくばの山のよこくも　ホーイホイヤァホイよこくものしたこそ　わらかおやくに》（『香取群書集成』二巻）というものがあります。東氏はこの歌について、この歌詞は関東東部に広く流布していたが、筑波山の付近をわれらの祖国《おやぐに》といっており、そこが、日本の「おやくに」であることを示唆している可能性もある、と述べています。この田植え歌は、イザナギ・イザナミは筑波山に住んでいたということを前提としている、ということです。

『日本書紀』には、次の記述があります。イザナギとイザナミが天照大神を生んだ時のことです。

《それで二神の神は喜んでいわれるのに、「わが子たちは沢山いるが、まだこんなにあやしくふしぎな子はない。長くこの国に留めておくのはよくない。早く天に送り高天原の仕事をしてもらおう」と。このとき、天と地はまだそんなに離れていなかった》

（前掲書『全現代語訳日本書紀』）

イザナギとイザナミは、地上の筑波山で暮らしていた可能性が大きい、と言えるでしょう。

「天《あま》」と「海《あま》」

私は、天から降るとは海を船で移動することだ、と考えています。その理由をお話ししていきましょう。

天と海は、両方とも「あま」と読むことができ、音が同じです。

同じ音で発音される言葉は、二つが同一視されていたことの名残です。天《あま》と海《あま》は同じように神聖視されていました。

実際に目にしたときの印象を考えてみましょう。海辺に行って水平線を臨むと、空と海とは一線上に合体して見えます。天と海とを同一視するという感覚は、実はとても自然なことです。

したがって、「天降り」を「海降り」と置き換えて考えることが可能になります。これは実は、海に囲まれた関東平野において成立する、特有の感覚かもしれません。

天と海の関係について、記紀その他の古文書がどう書いているか見てみましょう。

《ここに火の瓊瓊杵尊、天の関を闢き、雲披き、仙蹕を馳せて戻止りたまひき》

（『日本書紀』巻三）


これは、神武天皇紀の最初に出てくる、天孫降臨の発端を、神武天皇が自ら説明している言葉です。ニニギノミコトは、「天の関」を開いて出発しました。

この「天の関」は、鹿島と香取の間にある水道の関だと考えられます。

香取神宮には、天降《あまくだり》神社という末社があります。伊伎志爾《イキシニ》保命鑰守神《ホノミコトカギモリノカミ》を祭神としています。

こうした小さな神社にこそ、重要で尊い証拠が残されているものです。神社というのは、祖先たちが神の加護を願い、神の降臨を願って、伝統をもとにして建てたものであり、存在そのものが大きな意味をもっています。

天降神社は、関守の神社です。海からやってきた神が祀られていて、関の「鍵」を守っているのです。この神社の場所が、「天の関」があった場所でしょう。

『中臣寿詞《なかとみのよごと》』という祝詞があります。朝賀の際、中臣氏の代表者が天皇に申し上げる賀詞です。その中に次のような文言があります。

《天降し坐ししのちに、中臣の遠つ祖天児屋根命《アメノコヤネノミコト》、皇御孫尊《スメミマノミコト》の御前に、仕え奉りて、天忍雲根神《アメノオシクモネノカミ》を天の二上に上せ奉りて、神漏岐神漏美命《カムロギカムロミノミコト》の前に受け給り申すに、皇御孫尊の御膳都水は、宇都志国の水に、天都水を加えて奉らむと申せと、事教え給いしに依りて、天忍雲根神、天の浮雲に乗りて。天の二上り坐して……》

【大意】

「高天原にとどまられた祖神の御命令で天降ったが、宇都志国（その降りた土地）の水が悪いので、天児屋根命が皇御孫尊の御前に仕えていて、天押雲根神を天の二上においでになる祖神様に、どうしたらよいのでしょうと伺わせると、宇都志国の水に、天上の水を加えて奉れば良いと教えられました。そこでいただいてきた天の玉串を良さそうなところに刺し立てて、夕日が落ちてから朝日の輝く朝まで一心に天都詔戸《あまつのりと》の太詔力言《ふとのりとごと》を告りましたら、蒜《ひる》や篁《たかむら》の下より天上の水と変わりない水が出ました」

「天の二上」とは筑波山を指していると考えられます。天上の水と変わりない水が出た、つまり、天と地上の水が相通じたということは、「天と地がつながった」ということです。天と海とのつながりを示す表現だと言えるでしょう。

鹿島神宮と香取神宮には、ともに「津の宮」があり、『常陸国風土記』に次のように書かれています。

《古老の曰えらく、倭武《ヤマトタケル》の天皇の世、天の大神中臣臣狭山の命に宣り給いて、〝四字欠〟と宣り給いき。臣狭山の命、答えて申しけらく、「慎みて大き命を承りぬ。敢えて辞む所なし」と申しき、天の大神、昧爽復宣り給ひしく、「汝が舟は海の中に置きつ」と宣り給ひしかば、舟の主、仍りて見るに岡の上にありき、又宣り給いしく、「汝が舟は岡の上に置きつ」と宣り給いしかば、舟の主困りて求むるに、更海の中にありき。かくの如き事、巳く二三のみにあらざりき。爰に慴《おそ》りカシコみ、新に舟三隻、各長さ二丈余なるを造らしめて、初めて献りき》（『常陸国風土記』香島の郡）

この記述の前に、天智天皇の御世のりこととして《年別の七月、船を造りて、津の宮に奉る》とあり、《初めて献りき》とあるものの、これは新たに三隻の船という意味にとることができ、それまでにも神の船があったものと考えられます。

ここで想像できるのは、鹿島神宮そして香取神宮の神々は、海路はるかに船で漕ぎ出すニニギノミコト一行を見送っている姿です。鹿島と鹿児島の結びキッもまた、ここから想定できるでしょう。

タケミカヅチは、日本の基礎を築いた神であり、同時に日本の発展を見守った神です。東実氏は、次のように結論づけています。

《出雲平定は日本の平定であり、常陸平定は天孫降臨に際してその大移動を護るという重大任務を果たされたことである。そして香取神宮の祭神である経津主神とともに、この東国の果ての鎮座は、そのまま祖神の国を守るという使命のままであった。だからこそ、北から降る蝦夷《えみし》に備えて、鹿島神宮の御分社は、東北に扇状に分布し、香取神宮の御分社は、下総を中心として関東一円に点在しているのである。さらに考察すれば、霞ヶ浦、北浦べりに、水辺を護って点在する両神宮の御分社は、そのまま天孫降臨の発祥地を護る神軍の分布ということができよう》

高天原は関東にあったと言えば、たいがいの人は、それはファンタジーだと軽く考えるでしょう。しかし、タケミカヅチをちゃんと調べていくことで、その存在は、ファンタジーだと思われていることをしっかりと史実化していく役割を果たしていくのです。

考古学的裏付けがある「鹿島」の力

高天原は関東にありました。少なくとも関東は、古来、そう考えて良い重要な地域でした。鹿島地方には、そうした考えを示している神話の記述の事実性を裏付けるような遺跡が豊富に存在しています。

まず、鹿島地方には、旧石器時代から人が定住していたことがわかっています。

鹿島神宮の近くに「常陸伏見遺跡」と呼ばれる遺跡があります。現在は清真学園・鹿島神武殿になっています。

常陸伏見遺跡では、一九七六年（昭和五一年）の第一次調査の段階で、すでに石器集地点（石器が集中して出土する地点）が四か所発見されていました。

石器製作場ともみられる跡も見つかっています。ナイフ型石器をはじめとする出土した石器は、二万四〇〇〇年前～二万年前、あるいは一万九〇〇〇年前～一万五〇〇〇年前のものとみられています。

鹿島神宮近辺にはまた、「厨台遺跡群」「中町附遺跡」などの旧石器時代からの遺跡があります。

鹿島地方の遺跡には、たいへん重要な特徴があります。後代のものを含めたおびただしい数の遺構が重なった状態で存在するということです。

旧石器時代という単独の時代の遺跡として存在するわけではない、ということです。たとえば常陸伏見遺跡は、旧石器時代から縄文時代早期・前期・中期・後期にわたる複合遺跡です。そしてそこには、現在の鹿島の人々の暮らしも続いています。

このことは、鹿島地方に、いかに古くから多くの人々が、定住の形態で住み続けていたかを意味しています。

定住は、文化を深く整えるという結果を生みます。成熟した文明をそこにつくりだすのです。

活発な人間活動を物語る鹿島の縄文遺跡

鹿島地方には、旧石器時代の遺跡に積み上がっていくかたちで、たいへん多くの縄文遺跡が残されています。

最も古いと想定されるものでは、七〇〇〇年前〜六〇〇〇年前のものとみられる遺物が数個、鹿島神宮内の御手洗池に向かう坂の途中で発見されています。

縄文早期の特徴的な遺構のひとつは「炉穴」です。

地面に掘られた深さ一メートルほどの穴で、中で人が作業できるようになっており、肉や魚介類を煮炊き、あるいは燻製加工した形跡があります。つまり、炉穴は調理場なのです。

この炉穴が、「常陸伏見遺跡」で一〇一基、「厨台遺跡群円龍台遺跡」で五七基、「西谷A遺跡」で一二基、といった具合に多数出土しました。

もちろんこれらは、そこに集落があったことを示すものです。しかし同時に、調理文化のある豊かな食生活がそこにはあった、ということです。

そして、この背景には、もちろん鹿島地方、常陸の国の豊かな食資源、海の幸・山の幸があります。

「厨台遺跡群」もまた複合遺跡ですが、ここからは縄文中期のものと思われる竪穴住居

図12　厨台遺跡　白線で囲んだ地域

図13　神野向遺跡　白枠の地域

が一三三軒、掘立柱建物跡が二二棟、発見されました。

掘立柱建物は集会場あるいは共同作業場として使われたものだと考えられています。いずれにせよ、ここには集落があり、共同体社会がありました。

そして、縄文後期から晩期の鹿島の様子を伝える遺跡として、「神野遺跡」という有名な遺跡があります。

二〇〇一年の調査で集落跡と貝塚が発掘されました。北浦に面した舌状台地上、鹿島神宮の南西に位置します。

「神野遺跡」は、北浦の南、神宮橋や見目浦を見下ろす台地にあり、香取神宮と向かい合っています。

先に述べた、タケミカヅチが建葉槌神に遠征を命じるために鎮座した場所です。「神野」の名称はその記憶とも言え、太古の鹿島を考えるうえで最も重要な遺跡であると言うことができるでしょう。

また、「神野遺跡」からは、鹿の骨で作った骨角製品（針、銛、勾玉）が多く出土しました。鹿島の地名表記の由来を裏付けもする鹿の生息を証明しています。

重なっている鹿島の縄文時代と弥生時代

鹿島地方を代表する弥生時代の遺跡といえば「国神遺跡」ということになります。弥生中期から後期にあたる時代の集落が発見されています。土器を二個体用いて埋葬する土器棺墓も出土しました。

弥生時代は水田の文化であると規定してみましょう。鹿島神宮周辺に限って言えば、基本的に台地上にありますから水田は必ずしも多くなく、弥生の痕跡はそれほど多くはありません。

しかし、もちろん、鹿島地方で水田が開墾されなかったというわけではなく、とくに北方は湖沼地帯で水田が豊富です。

鹿島地方の遺跡の特色のひとつとして、「縄文からただちに、素焼きを特徴とする土師器、陶質の須恵器の古墳時代へと推移しているように見える」ということがあります。

鹿島地方では明らかに縄文時代と弥生時代が重なっており、そのまま古墳時代へと移り変わっていったと考えられるのです。

縄文前・中・後期の貝塚などは、主に鹿島神宮の南東部に出土しています。この地方の人々が、入江と野山の両方を生活の基盤としていたことを物語ります。

前出の東実氏は、縄文晩期にはタケミカヅチの一行が《この地に住むようになり、周囲の土着の人々の生活も、よりやすらぎを得て、それから長い間、鹿島の神を中心に生活が営まれたため、生活様式も順調にすすみ、やがて大和地方との交流もさかんになるにつれて、はなやかな古墳時代を迎えた》と述べています。

私も、おおむね、状況はこのように進んだのではないかと考えています。

茨城県の二割の古墳が鹿島に集中

鹿島は北方を除けば、独立した半島です。正面は太平洋で、北に湖沼があって他から侵略を受けにくい地勢でした。

船団を九州へ向けて出発させるほどの経済力の成長、文化の深化には、こうした地政学的な背景もあったのです。

日本列島で古墳がつくられ始めたのは、神武天皇以降です。

天孫降臨の後に大和を統一し中央政権を樹立した神武天皇の墳墓が、畝傍山の中程につくられたことを発祥とします。大和、河内を中心として、各代天皇の前方後円墳が次々と造成されました。

国譲り、また、天孫降臨、また、神武天皇の東征への協力体制を見ても、大和の中央政権をつくり出したのは関東の勢力だったと言うことができます。

古墳は、そうした中央政府が育んだ慣習であり、制度です。

関東にも多くの古墳がつくられるようになります。

鹿島神宮の西北約一キロメートルほどの所に、「宮中野」と呼ばれる原野があります。名称からも、天皇家に関係していることがわかります。

宮中野の、畑と山林が大半をしめる標高三〇メートルほどの丘に、円墳七八基、前方後円墳八基など、総計一一三基からなる古墳群が存在します。

代表的なものに「夫婦塚」（前方後円墳・長さ一〇〇メートル）、「勅使塚」（帆立貝式円墳・直径七五メートル）などがあります。

茨城県下には古墳が三一一一基ありますが、そのうちの五五九基が鹿島郡にあります。このことからも、古墳時代においても鹿島地方がいかに重要な文化地域だったかということがわかります。

鹿島の古墳と神々の関係

「宮中野古墳」は、タケミカヅチ一族の末裔の墓であると考えられるかもしれません。

鹿島に存在する古墳群は鹿島神宮に大いに関係しているのです。

古墳は鹿島神宮関係者の奥都城（墓）であるようにも見えます。発掘された古墳の遺体が、すべて頭部を東南つまり鹿島神宮の方向に向けているからです。

「勅使塚」などは、参向した勅使のうち、たまたま鹿島で命を落とすことになった人々を埋葬したものと考えられます。

前章で触れた、鹿島神宮の東三キロメートルほどの位置にある「高天原」という地には、全長八五メートルの、「鬼塚」と呼ばれる古墳らしきものがあります。

東実氏は、《この鹿島地方に住んだ人々が、『常陸国風土記』にあるように中臣氏や卜部氏が多く、後に常陸大掾家の方から平氏が移ってきたものもいる。大部分は鹿島神宮関係の人々で、現在の鹿嶋市宮中の成立が、神宮の屋敷割に源を発していることからも明瞭である》と述べています。

鹿島神宮の思想と発想、そして記憶が、この地の文化ネットワークの中心となっていると言っていいでしょう。

鹿島に残る強大な武力の伝統

鹿島神宮の宝物館に、国宝「直刀」があります。茨城県唯一の国宝です。

「直刀」は全長二・七一メートルあります。

江戸時代に法制化された大刀の定寸は二尺三寸（六九センチメートル）ですから、現在の一般的な日本刀の四倍ほどあることになります。製作年代は一三〇〇年前～一二〇〇年前で、平安時代につくられたものと推定されています。

この刀には「韴霊剣《ふつのみたまのつるぎ》」という名前がつけられています。

タケミカヅチが神武天皇に授けた神剣です。

俗には「平国《くにむけ》の剣」と呼ばれています。一閃すればたちどころに国が平和になる、という意味です。

この神剣は元来、二振りあって、どちらも「韴霊剣」と呼ばれますが、鹿島神宮にあるのは控えの剣とされています。実際にタケミカヅチが授けたものは、石上神宮（奈良県天理市）の御祭神となっているといいます。

現在の石上神宮には本殿がありますが、昔は拝殿のみで、拝殿の後ろには誰も入れない「禁足地」がありました。

そこを発掘したところ、一振りの剣が出土しました。明治時代初期の頃の話です。

石上神宮は、古来、天皇家あるいは物部氏の武器庫としても機能してきました。

神武天皇が紀伊国熊野に行幸して荒神をしたがわせたとき、タケミカヅチが「布都御魂剣」を使って荒神を切り殺したと伝わります。橿原に遷都した後で、神武天皇はこの剣を殿内に奉りました。

その後、崇神天皇の御代にはじめて祭神を大和国石上邑に移し、現在の石上神宮の前身となりました。

タケミカヅチを崇めた神武天皇

神武天皇は、悪神の毒気などでたびたびピンチを迎えます。

アマテラスとタカミムスビに後援を命じられたタケミカヅチが、「私がいかずとも、実績のある神剣があれば大丈夫だ」として、使いに持たせた剣もまた「韴霊剣」であした。

こうして、関東の高天原の援助のもと、神武天皇は、熊野、吉野の連山を越えて大和に入国し、ナガスネヒコを討って建国創業の第一声を上げました。

タケミカヅチが武神たる由縁は、国譲りで見せた交渉能力の高さと、この「韴霊剣」の威力にあります。「武」は「戈を止める」ことであり、決して蛮勇をふるうことではありませんでした。タケミカヅチはそれを体現しているのです。

橿原で即位したその年に、神武天皇は鹿島に使を遣わして、タケミカヅチを祀りました。大和入国を果たしたことへの感謝です。

この時の遣いは天種子命だったとされています。天種子命は中臣氏の遠祖です。南北朝時代に北畠親房が著した『神皇正統記』（一三三九年執筆）には、この神剣について、こう書かれています。

《天皇甚ホメマシテ天ヨリ降レル神剣ヲ授ケテ、其大勲ニ答フトゾノ給ハセケル。此剣ヲハ豊布郡ノ神ト号ス。始ハ大和ノ石ノ上ニマシマシキ。後ニハ、常陸ノ鹿島ノ神宮ニマシマス。》

（山田孝雄校訂『神皇正統記』一穂社）

神剣が石上から鹿島に戻ったようにもとれます。いずれにせよ、この時代には、直刀が「韴霊剣」と認識されていたことがわかります。

製鉄の地だった鹿島

『常陸国風土記』に、次のような記述があります。

《慶雲の元年、国司婇女朝臣、卜へて、鍛冶佐備大麻呂等を率て、若松の浜の鉄を採りて剣を造りき。これより南、軽野の里と若松の浜とに至る間、三十余里ばかり、此は皆松山にして、伏苓と伏神とを産し、年毎にこれを掘る。その若松の浦は、やがて常陸と下総との二つの国の堺なり。安是の湖に有る砂鉄は、剣を造るに大きに利し、然れども香島の神山たれば、たやすく入りて松を伐り鉄を穿ることを得ざるなり》
（『常陸国風土記』香島の郡）

慶雲元年は西暦七〇四年です。鹿島神宮の国宝「直刀」の推定製作年代「一三〇〇年前〜一二〇〇年前」に合致します。

また、この記述から、鹿島が、砂鉄を採取し、製鉄し、剣にまで鍛えられるような、鉄製品の一貫製造が行える地であったことがわかります。

この記述には直刀に関する内容は出てきませんが、このような背景のもとで、国宝「直刀」は鹿島の当地で製作されたものだと考えられます。

一九九三年、前述した神野遺跡にほど近い「春内遺跡」で、他に類を見ない鍛冶工房の跡が発掘されました。七世紀末頃の遺構です。

鍛冶工房跡は、全部で一九軒発見されました。

発見された一九軒のうちの一軒は東西二九・四メートル、南北五・五メートルの長大なもので、五つの房で構成され、炉の数は二一基ありました。

出土した残滓の分析から、再溶解した銑鉄の中の炭素分を低減させて鋼に変える「精錬鍛冶」の大型工房だったと推測されています。

神剣「韴霊剣」が石上神宮に祀られたまま戻ってこないので、奈良時代の後期に二代目の神剣をつくり、鹿島神宮に納めたのではないかという推測も、これで現実性を帯びてきます。

二代目の神剣は、韴霊剣の名のみ襲名して、実用に見合うような寸法、形態にはこだわらなかったと考えられるでしょう。

タケミカヅチの国、鹿島は、砂鉄がとれ、剣がさかんにつくられた地方でした。

関東は、強力な武器の供給地でもあり、それが国の基礎を築いたのです。

鹿島を重要視していた大和勢力

『日本書紀』の崇神天皇の巻に、神聞勝命《カムキキカツノミコト》という近臣が登場します。

これは、鹿島出身で、大和で仕事をし、大鹿島命《オオカシマノミコト》と呼ばれるに至る道根命《ミチネノミコト》のことだと考えられます。

垂仁天皇の巻では、安倍臣、和珥臣、物部連、大伴連とともに、中臣連の遠祖大鹿嶋が天皇の重臣「五大夫」の一人として数えられています。

大鹿嶋は、伊勢神宮の創建にあずかり、初代大宮司として奉仕しました。このことは、鹿島、伊勢、大和、奈良がきわめて密接に関係していたことを物語ります。大和朝廷は鹿島を、政権運営に欠かせない地であるとしていたのです。

『常陸国風土記』にたいへん興味深い記事があります。

天皇が、主要な神は日本のどこにいるのかと尋ね、側近がそれに答えるという記事です。

《はじめて国を治められた美麻貴の天皇（崇神天皇）の御代に、鹿島神宮に献られた弊物は、太刀十口、鉄の矢二具、許呂四口、枚鉄一連、馬一匹、鞍一具、八咫の鏡二面、五色のあしぎぬ一連です。

伝えられているところをいうと、美麻貴の天皇の御代に、大坂山に、白妙の立派な服を着られ、手に白い桙を杖にされた神様が現れて教えるのには、自分のいるところを治め、また祭るなら、あなたが治める国をおだやかにし、大きな国も小さな国もすべてあなたの思うままにしましょう、ということでした。そこで天皇は、人々を集めて、そう申された方がどなたであるか人々にお聞きになりました。すると、大中臣神聞勝が進み出て答えることには、大八洲国は天皇が治められる国ですと言葉を向けられましたのは、香島の国に坐していらっしゃる天の大御神様の教えられることですと

申し上げました。天皇はそれを聞かれて驚かれるとともに申されることを受けられて、前に書いた幣を、神の宮に奉納されました》

（前掲書『風土記』出雲国風土記・香島の郡）

これは、鹿島神宮への天皇の奉幣の記録です。重要な神とは《香島の国に坐していらっしゃる天の大御神様》と明言されています。鹿島の重要性は明らかでしょう。

かつての歴史学では、鹿島は、「大和朝廷の東北対策の前線基地レベルに過ぎない地域」としてとらえられていました。

そうではないことは、この天皇奉幣の記録ひとつだけからでもわかるのです。タケミカヅチの業績が後代まで強く認識されていたことを、この記述は示しています。

ヤマトタケルと鹿島

ヤマト政権が鹿島を重要としていたことは、ヤマトタケルの東征の様子からもわかります。記紀に知られるように、ヤマトタケルは、父景行天皇の命を受けて近畿を出発した後、東海道を東へ進み、出発翌年の秋に鹿島とは北浦を挟んで対岸にある、行方郡の相鹿に到着します。

ヤマトタケルは、常陸国の行方郡の相鹿に仮宮を建てて冬を過ごしたのです。対岸に陣地したのですから、この間、鹿島と何か重要な交渉事があったことは間違いありません。

『常陸国風土記』には「倭武《ヤマトタケル》天皇の御代に、鹿島神宮の神示から、船の奉納が始まった」という内容の記述があります。

ヤマトタケルの東征の目的は、政治を含む大和の文化を東国にもたらすことだけではなく、東国の神々に奉幣することにあったと考えられます。

『日本書紀』には、ヤマトタケルの巡幸ルートについて、《是の月、乗輿《すめらみこと》、伊勢に幸して、転りて東海に入ります。冬十月、上総国に至る。海路より、淡水門に渡りたまう》とあります。伊勢とも関係した、ひとつの宗教的な巡幸の意味があったと考える方が自然です。

天孫降臨においてはアマテラスが神勅を下されました。

現在も行われている天皇即位の際に天皇霊を身に着ける重要な儀式「大嘗祭」は、天孫ニニギが稲を作り、その新穀を食べることで稲に憑いて神霊を身に受けたことに始まります。

ヤマトタケルの東征は、東国において天皇宣言を得行うための巡幸だった、と言うこともできるのです。

鹿島生まれの藤原鎌足

後に藤原氏となった中臣氏の氏神社『春日大社』(奈良県奈良市)は、四柱の神を祀ります。

第一神は鹿島神宮の祭神タケミカヅチの神、第二神は香取神宮の祭神フツヌシです。あとの二柱は遠祖・天児屋根命とその妻である比売神です。

春日大社は大和最大の神社です。それが東国の鹿島神宮の祭神を主に祀っています。

これは、天皇の為政においては、「タケミカヅチに守られることがいかに重要であるか」ということを示しています。

大化改新で知られる藤原鎌足は鹿島の生まれです。「鎌足神社」(鹿嶋市)は鎌足の生誕地に建てられているとされています。

「藤原」の姓は、天智天皇(中大兄皇子)が即位後、鎌足の臨終に際して授けたものです。それまでは「中臣」です。

中臣とは、神と人の仲をとりもつことを意味し、同時に、数ある臣の中でも中心的存在の部族であることを意味しています。

中臣の祖はアメノコヤネ(天児屋根命)で、その三代前に、タカミムスビの子と伝わるツハヤタマがいます。

アメノコヤネは、アマテラスが天岩戸にこもった時、岩戸の前で神楽をし、祝詞を奏上しました。天孫降臨の際には、ニニギに随行しています。

中臣の系譜について、前出の東実氏は、「崇神天皇の御代に中臣神聞勝命が奉幣して鹿島に居住したのが鹿島の中臣の最初だろう」としています。重ねて、「このことの前後にわたって、大和から遣わされた多くの人々が東国に居住して大和と東国を結ぶ絆となり、中臣氏もまた、タケミカヅチ神の系譜の人々と婚姻し、機会を得て神主、大宮司へと進んだものだろう」と見解しています。

鹿島、香取の両神宮、そして富士山

関東の神社は、日本の東端に存在する、と言うことができます。

東端つまり太陽が上るところ、日立つまり「常陸」がそれを代表します。

重要なのは、日の出日没の東西のラインに神々が宿っている、ということです。鹿島神宮、香取神宮、そして富士山を結ぶラインが特に重要です。

鹿島神宮の祭神タケミカヅチは神武天皇の前に国を統一した神でした。こうして形成されるラインを意識することから「富士山」つまり高天原の存在に思い当ることは、きわめ

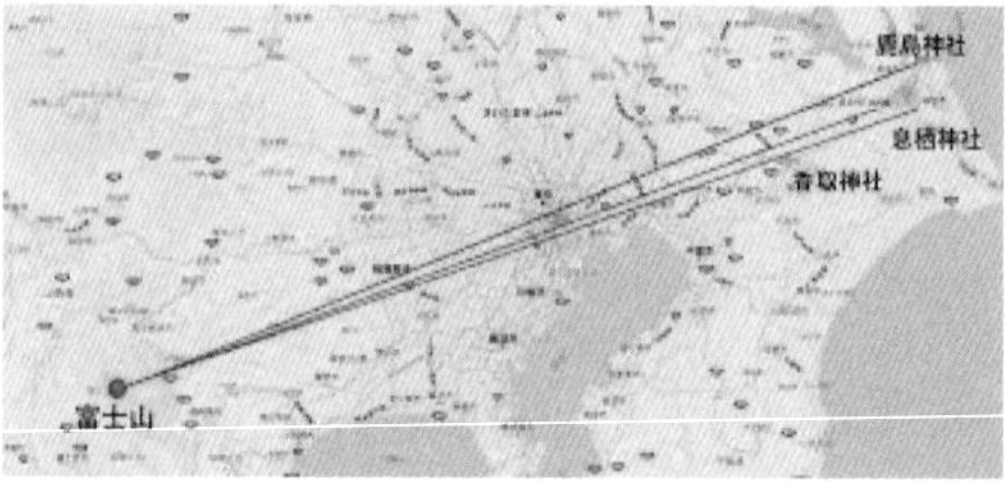

図14　鹿島神宮、香取神宮、息栖神社と富士山を結ぶ

て自然な流れです。

鹿島を中心とした東国は、高天原の威光を体現した、たいへん重要な地域です。今まで見てきたように、歴史上の大きな役割を果たしてきました。

しかし、記紀は、関東を書くということをしていません。

今、私たちがすべきことは、関東が果たした大きな役割を、大きな役割のまま、明確に素直にとらえなおして強調するということだと、私は考えています。

その前提は、「富士山を仰ぎ見る関東の鹿島を中心とした地域こそが、高天原と活発に関係する重要な地域だった」ということです。

水の豊かな平野に水田は広がり、砂鉄が集まり、農具だけでなく武具を産出し、鹿島産の鉄剣は出雲の鉄剣を凌ぐものでした。

神武天皇の東征という実戦に至る前に「国譲り」を実現させるほどの圧倒的な武力を東国の勢力は持っていました。

天神地祇三一三二座のうち、神宮号をもつ神社は、伊勢をのぞいて「鹿島」「香取」の他にありませんでした。

この『延喜式』「神名帳」における東国への高い評価は、平安のその時だけではなく、長く深い歴史の記憶の連綿から、古来、常識として認識されていたものだと言えるのです。

さて、教科書をはじめとした歴史教育で西日本中心の歴史観に慣れてしまっている多くの人は、神武天皇以前から存在していた東国の大勢力について、おや、と思われるかもしれません。

東国に本当にそんな勢力が存在したのか、存在したのだとしても、なぜ東国がそういう地域だったのか、疑問に思われる方が多いかもしれません。

旧石器時代から縄文時代にかけての日本列島の人口は、東日本の方が圧倒的に多かったと言えば、まずはそのヒントになるでしょうか。

私は、これについては、その具体的な検証をすでに『日本の起源は日高見国にあった縄文・弥生時代の歴史的復元』（勉誠出版、二〇一八年）で行いました。この本と合わせてお読みいただければ、日本の歴史が、さらに豊かに、血肉のついたかたちでくっきりと浮かび上がってくるはずです。

日本の、いわゆる古代と呼ばれる時代は、文字資料がないために「空白」だと言われがちです。その「空白」という言葉がそのままイメージとして世間に浸透して、記紀にほとんど書かれていない東国を、薄っぺらな、場合によっては野蛮であるだけの地域としてしまっています。

とんでもないことだと思います。最近になって続々と発見されている考古学的事実と神話との結合から、日本の歴史はもっと豊かに語ることができるということは、この章まで明らかにした通りです。

第三章　タケミカヅチと物部氏

――日本の「もののふ」は関東から

大和朝廷の最高級実力者・物部氏

「もののふ」という言葉があります。「武士」と書いて「もののふ」と読むことはよく知られています。

「もののふ」にはまた、文武通して、つまり、政治的にも軍事的にも実力があって大和朝廷に仕えた官僚を指す意味もあります。この時には「物部」と書きます。

学校の歴史教科書で、「物部氏」という豪族について習った覚えがあると思います。いちばん最初に出てくるのは、仏教伝来の歴史においてでしょう。

仏教は六世紀半ばの欽明天皇の時代に百済から伝わったとされていますが、この時にはすでに仏教は日本で広まっていたと考えられています。したがって、昔は仏教伝来と呼んでいましたが、今は仏教公伝と呼ばれることの方が多いようです。

日本書紀には、「百済の聖明王が使者を遣わして仏像および経典、仏教流通の功徳を賞賛した上表文を朝廷に献上した」と書いてあります。このことを仏教公伝というのです。

公伝、つまり朝廷として公式に仏教を受け入れることになり、事件が起こります。崇仏論争と呼ばれる事件です。

神道つまり日本古来の信仰を大事にすべきだとする派と、対外国関係のためにも今後は仏教を中心に推進すべきだとする派とで対立が起こり、論争になりました。

神道派が物部氏、そして中臣氏でした。仏教推進派が蘇我氏でした。信仰を否定し合うということではなく、政治的な対立が主だったとされています。

五八七年に丁未の役という内乱が起こりました。時の大臣・蘇我馬子が、天皇を補佐する大連という地位にいた物部守屋を武力攻撃して倒します。

丁未の役は、大和朝廷の実権を蘇我氏が独占することになった事件です。これによって物部氏は一時没落しますが、後に石上氏として復権します。

ただし、馬子が倒した守谷は物部氏の宗家です。すでに全国的に国造の役職をもって治めていた地方の物部氏たちはそのままでした。

物部氏は、大和朝廷において最高レベルの地位を誇っていた、政治的、軍事的、ともに最有力の氏族でした。もともとは鉄器・兵器の製造と管理を管掌する氏族だったとされています。

学校で習う歴史教科書などでは、物部氏は、「ヤマト政権の豪族」とか「大和国山辺郡・河内国渋川郡あたりを本拠地とした有力豪族」などと説明されています。物部氏は、大和つまり畿内を発祥とする豪族だという印象を受けます。また、そのように説明されてもきました。

このこともまた、前章までに述べてきた、古事記・日本書紀に関東・東北地方の詳細記述がほとんどないこと、そして、いよいよわかってきている関東・東北地方の考古学的重要性に対する考察が、記紀の研究・解釈に未だにすっかり欠落してしまっていることに原因があります。

「日本」とは「日の本」です。太陽が最初に昇る地域のことです。「日立」や「日高見国」といった名称が示す関東の重要性は未だに無視され続けています。

結論から先に言いますと、物部氏は、関東発祥の一族です。後に「高天原」として神話化する、大和朝廷以前に関東・東北を中心に存在した祭祀国家「日高見国」を支えていた一族のひとつが物部氏でした。

そして、物部氏は、国譲り神話のタケミカヅチとたいへん関係の深い一族です。この章では、大和朝廷の重鎮だった物部氏とタケミカヅチ、物部氏と千葉県の香取神宮との関係について読み解いていきたいと思います。

物部氏の祖、ニギハヤヒとは

物部氏の祖はニギハヤヒノミコトとされています。ニギハヤヒノミコトとは何者でしょうか。漢字にすると饒速日命です。

実はニギハヤヒは、高天原から降臨して、神武天皇の前に大和地方を治めていた神様でした。

神武天皇（即位前はイワレヒコ）は、日本を統一すべく神武東征に向かうにさしあたり、次のようなことを側近たちに述べます。

《天孫が降臨されてから、百七十九万二千四百七十余年となる。しかし遠いところの国では、まだ王の恵みが及ばず、村々はそれぞれの長があって、境を設け相争っている。さてまた塩土の翁に聞くと『東の方に良い土地があり、青い山が取り巻いている。その中へ天の磐船に乗って、とび降ってきた者がある』と。思うにその土地は、大業をひろめ天下を治めるによいであろう。きっとこの国の中心だろう。そのとび降ってきた者は、饒速日《ニギハヤヒ》というものであろう。そこに行って都をつくるに限る》

（前掲書『全現代語訳日本書紀』）

神武天皇は、東征の仕上げとして、宿敵とも言えるナガスネヒコと対決しますが、ナガスネヒコは神武に、自分はニギハヤヒの身内だ、と言って抵抗します。天神の子がすでに天降ってきているし、あなたはニセモノではないか、というのです。

《昔、天神の御子が、天磐船に乗って天降られました。櫛玉饒速日命《ニギハヤヒ》といいます。この人が我が妹の三炊屋媛を娶って子ができました。名を可美真手命といいます。それで、手前は、饒速日命を君として仕えています。一体天神の子は二人おられるのですか。どうしてまた天神の子と名乗って、人の土地を奪おうとするのですか。手前が思うのにそれは偽物でしょう》（前掲書）

神武は次のように対応します。

《天神の子は多くいる。お前が君とする人が、本当に天神の子ならば、必ず表《しるし》（しるしの物）があるだろう。それを示しなさい》（前掲書）

ナガスネヒコは、天羽羽矢《あまのははや》と歩靫《かちゆき》を神武に示します。神武はそれを見て、今この地を治めているニギハヤヒは自分と同じく天神の子孫であると確信します。

一方、同じものを神武から差し出されたナガスネヒコは、神武を恐れて畏まりますが、攻撃の準備を緩める気配を見せません。ナガスネヒコの上に立つニギハヤヒは、ナガスネヒコを殺害します。

ニギハヤヒは、部下を率いて神武に帰順するという作戦をとったのです。神武は、ニギハヤヒの出自の確かさと忠誠心を知って、和睦し、寵愛しました。

こうして神武に仕えることになったニギハヤヒが物部氏の祖先ということになっています。古事記では話の筋が少々違っていますが、ニギハヤヒが物部氏の祖先であることは変わりません。

ニギハヤヒは、神武の前にどれくらい大和地方を治めていたのでしょうか。《天孫が降臨されてから、百七十九万二千四百七十余年》といった神話的な時間の長さについての考察は別の機会に譲るとして、タイミングとしては、少なくとも、国譲りが終わった後のことです。三輪山を中心にして奈良一帯を治めていた大物主命（大国主命自身のこと）の支配地域を、高天原つまりアマテラス系の神に「譲った」後に、ニギハヤヒは天降りました。

ニギハヤヒは《天磐船に乗って》降臨しました。天磐船ということは、つまり出発点は高天原であり関東だということです。ニギハヤヒは鹿島を船で出発して奈良に向かった政治家です。

実はニギハヤヒを祀る神社が関東にたくさんあります。茨城県、千葉県地域に二五社あります。

対して奈良県には五社あるに過ぎません。三重県、愛知県にニギハヤヒを祭神とする神社がいくつかあるのは、そこが船の上陸地だったからでしょう。

ニギハヤヒが関東を本拠とした存在であったことは、関東におけるニギハヤヒを祀る神社の数からもわかります。このことから同時に、物部氏の発祥が関東、それも常陸国にあったことがわかってきます。

剣を祀る物部氏の総氏神、石上神宮

奈良県天理市な石上神宮という、日本最古の一つに数えられている神社があります。日本書紀に登場する名も石上神宮で、この「神宮」という尊称は、古来いかに朝廷から重視されていた神社だったかを示しています。

石上神宮の公式サイトでは、次の三柱の神を主祭神として祀っている、としています。

布都御魂大神《ふつのみたまのおおかみ》
神武天皇の国土平定に偉功をたてられた韴霊《ふつのみたま》の剣（平国之剣《くにむけのつるぎ》）とその霊威
布留御魂大神《ふるのみたまのおおかみ》
鎮魂にかかわる天璽十種瑞宝《あまつしるしとくさのみづのたから》とその霊威

図15　石上神宮

布都斯魂大神《ふつしみたまのおおかみ》

須佐之男命が八俣大蛇を退治された十握剣《とつかのつるぎ》とその霊威

布都御魂大神《ふつのみたまのおおかみ》が、前章でもお話ししたタケミカヅチの大剣「布都御魂剣」です。詳しいことは、後でまた述べます。

布留御魂大神《ふるのみたまのおおかみ》として祀られている天璽十種瑞宝《あまつしるしとくさのみづのたから》とは、ニギハヤヒが天降るときに天神から授けられた宝物です。つまり、ニギハヤヒが天神の系譜であることを証明するものです。

神社の縁起を記録した『石上神宮』には、次のように書かれています。石上神宮と物部氏の関係が明解に示されています。

　《(石上神宮は) 神武天皇即位元年、宮中に奉祀せされ、崇神天皇七年に宮中より現地、石上布留高庭に移し鎮め祀られる。

　御祭神・布都御魂大神は、又の御名を甕布都神、佐士布都神と申し国平けの神剣、布都御魂にます。神代の昔、天孫降臨の際り、経津主、武甕槌の二神と共に、国土鎮定の大業を成就し給い、更に神武天皇御東征の砌、紀の国熊野において御遭難の折、天つ神の勅により、再び天降り給ひ、邪神賊徒を平げ建国の基礎を定め給えり。神武天皇は御即位の後、その功績を称えて、物部氏の遠祖宇摩志麻治命に命じ、永く宮中に奉斎せしめ給うた。その後第十代崇神天皇七年に物部の祖、伊香色雄命が勅により現地石上布留の高庭に鎮め祀り石上神宮と称えまつったのが当官の創めである》

物部氏の遠祖とされている宇摩志麻治命は、ニギハヤヒの子です。ナガスネヒコの妹・三炊屋媛との間にできた可美真手命の別の名です。

布都というのが剣のことです。神武天皇の元に降された霊剣です。

この剣は、一八七四年（明治七年）に当時の大宮司・菅正之が発掘し、本田の御神体として安置されました。日本刀とは逆の、鎌のような内反りの剣で、実戦的な武器ではなく精神的な力を持つ武具だったのではないかと考えられています。

ニギハヤヒは日高見国の大和地方統治者

『先代旧事本紀』という、平安初期に成立した全一〇巻からなる歴史書があります。その序文には「聖徳太子と蘇我馬子によって編纂された」と書かれており、そのまま受け取れば、日本書紀よりも古い歴史書だということになります。

『先代旧事本紀』は本居宣長以来、偽書だとされてきました。近年の研究では、序文のみが後世に書かれたもので、序文以外はかなりの信憑性をもっている、と考えられていま す。この『先代旧事本紀』の第五巻「天孫本紀皇孫本紀)」に物部氏について詳しく書いてあり、ニギハヤヒの天降りについては、次のようになっています。

《饒速日尊《ニギハヤヒ》は、天神の御祖の詔を稟けて、天の磐船に乗りて、河内國河上の哮峰に天降り座し、即ち大倭國鳥見の白庭山に遷り座す、所謂天の磐船に乗りて、大虚空を翔り行きて、是の郷を巡り睨て、天降り座す、所謂「虚空見つ日本國」というは是れなり》

『先代旧事本紀』には、天地開闢から推古天皇までの歴史が書かれていますが、国譲り神話の記述はありません。ただし、この前の巻・第四巻「地祇本紀（地神本紀)」に大国主命系のこと、その内の一人である大和の大三輪の神のことが書かれていますから、ニギハヤヒの大和での活動は、国譲りの後のことだと考えていいでしょう。

つまり、歴史的に、「ニギハヤヒは、古墳時代以前、つまり弥生時代に成立していた、関東・東北を中心とした日高見国の関西支配の根拠地・大和の統治者だった」と考えられます。

なお、天降りにあたって、八咫鏡を《専らわが御魂として祀れ》と命じたのは、アマテラスではなく、タカミムスビでした。タカミムスビは、《三十二人をして、並びに防衛となし》、天降りさせています。この三二人は、鹿島・香取神宮に祀られている中臣氏の始祖・天児屋命をはじめ、隠岐や鳥取を除けば、そのほとんどが東の国々の神でした。

この天降りはまた、《天物部ら二十五部の人、同じく兵杖を帯びて天降り、仕え奉る》というものでした。その軍部の長が物部氏でした。

軍部の構成員は、《船長、跡部首等の祖、天津羽原（神前神社）》と書かれ、その後に、梶取、船子、笠縫、為奈部など、船中の仕事を司る神々の名前が書かれています。これは、天降りというものが船で行われた、ということを端的に示してもいます。

『先代旧事本紀』に書かれた神武東征

古事記と日本書紀では、大和の地を治めていたニギハヤヒは神武天皇に従うことになります。

『先代旧事本紀』には、ニギハヤヒが大和を治めていた、ということはできません。代わりに、というわけではありませんが、神武に霊剣が降るきっかけをつくった高倉下の命という存在がクローズアップされます。概要をまとめてみましょう。

高倉下の命は、別名を手栗彦の命といい、もともとは天の香語山命という。高倉下の命は、天降ってからの名前である。この命は祖神の天孫の尊（饒速日の尊）に従って天降った三二人の一人で、紀伊の国、熊野の村におられた。

その後、神武天皇が九州西の宮から出発し、船団を率いて東征された。中つ国の豪族であるナガスネヒコが軍勢いを集めて抵抗した。紀伊の国熊野のある村に至ると、悪い神の毒気で神武の兵士たちは正気を失ってしまった。神武も同じような状態となった。

村にいた高倉下の命が夢を見る。アマテラスがタケミカヅチに、「葦原の瑞穂の国が騒がしい。ふたたび出向いて平定しなさい」と言うと、タケミカヅチは「私が直接に降らなくても、以前国土を平定した際に使った猿木を降らせれば自ずと鎮圧されましょう」と言い、高倉下の命にこう告げる。

「わが剣、フツの霊を今すぐあなたの倉の裏に置く。それを持って天孫に奉るように」

高倉下の命は目覚め、倉を開いてみると、剣が倉の底に逆さまに突き刺さっていた。高倉下の命はその剣を神武に献上する。

神武はたちどころに目覚め、従軍の兵士たちも全員が覚醒して立ち上がり、東征を続行した。剣を得て勢力を盛り返した神武は、高倉下の命を褒めて近臣とした。

ニギハヤヒが神武に統治権を譲った、ということは書かれていません。この点は、物部氏の祖たる天神が神武に従ったことを書きたくなかった、と推測することもできます。『先代旧事本紀』を書いたのは物部氏だとする研究もあります。

石上神社が祀る剣は、フツノミタマ

石上神宮の主祭神の一柱である布都御魂大神にまつわる剣について、日本書紀は、物部十千根という物部氏が水神天皇の時代に石上神宮で神宝を管掌することにした、だから石上神社に祀られているのだ、と伝えます。

『先代旧事本紀』が伝えるところによると、それ以前にすでに、石上神宮の主祭神・布都御魂大神は天孫降臨の際に所持された剣であるということが明らかで、その剣に神霊がこもってフツノミタマと呼ばれていた、ということになっています。フツノミタマは、タケミカヅチがアマテラスに「自分が行かずともこの剣があれば東征は成功する」として神武の元に降した剣です。

『先代旧事本紀』には、剣を神格化した布都の神について、次のように書かれています。

《神物を斑しめ、天の社・国の社を定め、物部の八十手の作れる神祭りの物をもて、八十万の群神を祭る。布都の大神を、大倭の国、山辺の郡、石上邑に遷し建つ。すなはち天祖饒速日の尊に授けたまひ、天より受け来し。天璽の瑞の玉も、同じくともに蔵め斎ひて、号て石上の大神と曰す。もて国家のために、また氏神となし、崇め祀りて、鎮とす》

つまり、物部氏の祭神としてもともと布都の大神がいますよ、ということです。そして、後に物部氏は大倭《ヤマト》の石上に遷って、ニギハヤヒを掲げて国家を治めさせた、ということです。そして、この布都の大神・布都御魂は、実に、千葉県・香取神宮の祭神でもあるのです。

フツノミタマを祭る千葉県・香取神宮

千葉県香取市の香取神宮の御祭神は経津主大神《フツヌシノオオカミ》です。経津主大神の出自については、日本書紀に一書として、「イザナギがカグツチを斬ったとき、剣からしたたる地が固まってできた岩群がフツヌシの祖である」と書かれています。フツヌシは、ニニギの天孫降臨に先立ち、大国主命が統治する出雲にタケミカヅチとともに降り立って国譲りの交渉をした、と日本書紀は書いています。

物部氏は石上神宮に祀られている一族であるということは、これまで、歴史学者の間でも詳しく述べられてきました。

しかし、多くの研究家は、物部氏と香取神宮と結びつけて考えてみようとはしませんでした。

香取神宮は「経津」。石上神宮は「布都」。漢字の違いに気をとられたのでしょう。同じく「フツ」と発音することの重要さに関心を示さなかったのです。さらにいえば、同じ剣の神である、という事実があるにも関わらず、この共通性は無視されました。

古事記には、東征の際に神武に降ったタケミカヅチの依代である剣についてこう書かれています。

《この刀の名は、佐士布都神と云ふ。亦の名は布都御魂と云ふ。此の刀は石上神宮に座す》

刀そのものが神であり、タケミカヅチの代わりに降ったものです。そして、布都神とは経津主のことであり、香取神宮の祭神のことです。

「フツ」は刀剣の鋭い様を示している言葉だと考えられます。それがタケミカヅチから高倉下に下され、そして物部氏の石上神宮に祀られました。

八世紀に建てられた、春日大社というたいへん有名な神社があります。奈良県奈良市にある、藤原氏の氏神神社です。

春日大社の主祭神は、実に、タケミカヅチとフツヌシです。中臣鎌足が天智天皇から藤原姓を授かったことに始まる藤原氏は、その氏神たる神社に、鹿島神宮と香取神宮の祭神を祀っているのです。

中臣氏の鹿島神宮、物部氏の香取神宮

蘇我馬子に討たれた後、物部氏宗家は石上氏として朝廷に復権します。しかし、八世紀初頭に平城京遷都がなされた際、時の権力者・藤原不比等は石上氏を旧都の藤原京に留守

役として残しました。

それからというもの、石上＝物部一族は日本史の表舞台から姿を消した、また、藤原氏によって消された、というのが通説となっています。

当時、藤原氏と物部一族は敵対関係にあったとされています。しかし、元来、藤原氏は中臣氏です。鹿島神宮の祭祀を担う役割にあった一族であり、一方、物部氏は香取神宮を取り仕切っていました。

藤原と物部は協力関係にこそあったと考えるのが常識的です。旧都の留守居役というのも、平城京と藤原京を藤原・石上の二氏族で分けて統治しようという意向のあらわれだったと考えられます。

物部氏は、この時期をもって朝廷の公職からいなくなったように言われるのが通説ですが、そんなことはありません。とくに物部氏は、地元たる常陸国に赴任している例が多く見つかります。遠い祖先を慮ってのこととも言えるでしょう。

いずれにしても香取神宮は、物部氏が祭祀を担っていた神社でした。

茨城県の土浦市、牛久市、稲敷市の各一部のあたりは、律令制でかつては信太郡と呼ばれる郡でしたが、信太郡はたいへん物部氏にゆかりの深い土地です。『常陸国風土記』の信太郡の条には、次のように書かれています。

《古老がいうことには、「難波の長柄の豊前の大宮に天の下をお治めになった天皇（孝徳天皇）の御世、癸丑（白雉四［六五三］年）の年に、小山上物部河内・大乙上物部会津らは、惣領の高向大夫にお願いして、筑波・茨城の郡から七百戸を分けて信太郡を置いた。此の地はもとの日高見の国である」》

（『風土記』吉野裕訳、平凡社）

河内と会津の物部氏一族七百人を連れてきて住まわせ、信太郡とした、その土地は昔、日高見国と呼ばれていた、ということです。私は、常陸国そのものが日高見国を語源としている、と指摘してきました。「ひだかみち」が「ひたち」になるからです。「ひだ」が「ひたち」の語源もしれない、と指摘しています。

図16　香取神宮

風土記といった後代の資料を見ても、香取神宮の一帯には物部氏の人々が居住していたことがわかります。物部氏は、日本書紀で祖とされているニギハヤヒよりもさらに古く、フツヌシを始祖としていたと言うことができるでしょう。

物部氏の家記と言ってもいい『先代旧事本紀』では、香取神宮の神について、《経津主神、今下総香取に座す大神、是也》と書いています。物部氏にとって、香取の神は大神でした。これは、祖としてはニギハヤヒの前にフツヌシがいたことを示しています。

船で天降ったニギハヤヒ

『先代旧事本紀』の「人名（氏祖名）」資料に「ニギハヤヒ供奉衆」の記録があります。これは、高天原から降臨したニギハヤヒ軍の将軍たちであり、少なくとも、当時大和地方を統治していた王朝の人々です。

よく言われる通説に、ニギハヤヒは神武天皇以前に大和に統一王朝をつくっていた、というものがあります。これは見直しが必要です。

関東・東北は高天原すなわち日高見国の下にあり、そして、ニギハヤヒは、大和地方を中心に治めていた日高見国の西半分の勢力だったのです。

アマテラスは降臨するニギハヤヒに天璽十種瑞宝を授けました。皇位の証としての、鏡や玉などの宝です。

つまり、ニギハヤヒは、アマテラスが統治する国の西半分の王です。

ニギハヤヒは、多くの随神、随臣をともなって天降りました。『先代旧事本紀』には、三二人の将軍、五人の部の長、五人の造の長、二五人の軍部の長、船長、舵取りなど、すべての名前が記されています。

天の磐船に乗ったニギハヤヒの天降りには、天上から下界ではなく、船で横に移動したという、実際の航海のイメージがあります。『先代旧事本紀』の《河内國河上の哮峰に天降り座し、即ち大倭國鳥見の白庭山に遷り座す》という記述を見れば、船を使って侵攻していき、現在の大阪、奈良といった関西の中枢を支配する意図がはじめからあったと考えることができます。

縄文時代、日本の人口密度は、一〇〇平米あたり東北が七〇人、関東が二三八人、東海が三四人。一方、関西は七人、九州は一二人で、圧倒的な差がありました。

ニギハヤヒの大和への天降りはこの頃になされたと考えられます。関西地方だけの統治で、日本列島の西半分は傘下に治められたも同然でした。

弥生時代、人口に変化が起こります。一〇〇平米あたり人口密度で東北が五六人、関東が二〇三人、東海が三八五人。一方、関西は二二三人、中国地方が一八四人、四国が一五六人、九州が二五六人と、西日本が増加します。これは、移動によるものです。

そして、これを背景になされたのが、ニニギノミコトの、鹿島から鹿児島への天孫降臨でした。九州からしっかりと制圧する必要があったのです。

「鹿島立ち」と「香取待ち」

旅行に出発すること、門出などを表現する「鹿島立ち」という言葉があります。常陸国の防人が鹿島神宮に集合して鹿島から赴任先の九州に船で向かったことが発祥です。

一方、「香取待ち」という言葉があるそうです。具体的には、お田植え祭、収穫祭のときに使われる言葉だそうですが、鹿島から出発した船の帰還を、時を経て、香取で待つという防人や海人などの遠征の苦労を想定した言葉かもしれません。それだけ、鹿島・香取を拠点として関東から日本全体への航行が行われたことを示しています。

香取神宮の祭りには、海に関係のない農業の祭典も数多くあります。大和時代以降、農耕が盛んになって形成された祭りでしょう。

これはまた、物部氏が「もののふ」つまり軍事的な役割だけではなく、農業の仕事にも従事していたことを示してもいます。

香取には「楫取」という意味があり、船に大きく関係しています。『万葉集』には、《大船の香取の海にいかり下ろし、いかなる人か物思はざらむ》（巻一一、二四三六）という歌も収録されています。

香取は、海夫をはじめとする海に関係する人々の献進によって支えられていたと考えられます。この文化が、さらに北方の陸奥国の磐城、行方郡、陸前、信太郡などに広がっています。

これらは、かつての日高見国の領域です。

鹿島の神は、北上川の河口にある牡鹿郡の最北部にも存在し、香取の神は、牡鹿郡よりさらに北の栗原郡にまで及んでいます。鹿島・香取の神が及んでいる範囲は、日高見国の範囲を見事にカバーしているのです。

日高見国を支えた物部氏

大和朝廷以前、関東・東北には、日高見国という一大祭祀国家が存在しました。日本の源郷は東日本にあったのです。そこで、鹿島・香取の両神宮は大きな役割を果たしていました。

古代史研究家の大和岩雄氏は「香取神宮」（『日本の神々――神社と聖地――一一　関東』谷川健一編、白水社）という論文の中で次のように述べています。

《「東を向く」とは、日立、日高を向くことである。そこに「香島の大神」があるのだから、鹿島の神が日高の神で、その神を拝する地が日高見になる。古くは印波国の北東部（大戸神社の周辺）が日高見とされていた時代があったのではなかろうか。そこから船に乗って渡る日高見の国は、日立としての東夷の国であり、この日高（日立）・日高見の関係を象徴するのが、鹿島・香取の関係である。そして、このような両神宮の関係から設定したのは、おそらく多氏系の氏族であろう。「ヒタチ」としての東夷の国を「皇威」に服させたのが、建借間命や黒坂命であるのも、そのことを示唆している》

多氏とは、神武天皇の皇子・神八井耳命の後裔とされる一族です。建借間命《タケカシマノミコト》は崇神天皇の時代に東国の賊を討伐したという人物、黒坂命《クロサカノミコト》も朝廷から派遣されて盗賊を討った人物です。黒坂命の、茨の棘を利用した敵の追い込み作戦が「茨城」の地名の由来ともされています。

大和氏は、「東夷」という言葉を使っていますが、東夷は古墳時代以降に東日本に対して使われるようになった用語です。それ以前は日高見国であるということに、氏自身、気がついていないのは残念です。

東夷を討つということについては、ヤマトタケルの進出が強烈な印象を与えがちです。古墳時代以前の縄文弥生の東日本には、夷という語のイメージからはほど遠い、日高見国という一大国家が存在していました。

日高見国の人々は、太陽神を中心とした信仰をもっていました。長野県諏訪市の阿久環状遺跡や、東北の大湯環状遺跡などの明らかに太陽信仰をあらわす遺跡は、日高見国の文明です。青森の三内丸山遺跡のように大規模集落の遺跡は、同じような規模の施設が関東・東北の各地に存在したことを予想させます。

鹿島・香取の大神宮の存在は、中臣氏・物部氏という有力な一族がこの地で形成され、日高見国という祭祀国家を支えていたことを物語っています。

大和氏はまた、《これら鹿島・香取の神にかかわる人々のみが、陸奥に移っても鹿島神（行方郡にも鹿島御子神社がある）を祀り、日祀りを行っていることは、日高と日高見の関係から見ても興味をひく》と述べていますが、これもまた、日高見国が陸奥まで広がっていた証であると見るべきところでしょう。

神話と歴史が結びつく国、日本

物部氏の始祖とされるニギハヤヒは、古墳時代以前、つまり弥生時代に成立していた関東・東北を中心とした日高見国の、関西担当の統治者でした。日高見国は後代になって、高天原として神話化されました。

物部氏は日高見国の時代から続いていて、国譲りの後に、伊勢から大和へ、ニギハヤヒを長として進出したのです。ニギハヤヒは、神武天皇以前の、大和支配の統治者の家系です。高天原の司令神として、古事記・日本書紀は、アマテラス、タカミムスビの二神をあげています。

私は、最初の司令神はタカミムスビであり、アマテラスが神としてなるまで司令神の立場にあったと考えています。

大きく分ければ、このタカミムスビの時代が高天原＝日高見国の時代です。考古学的には縄文時代であり、狩猟・採取・漁撈で人々が暮らす時代です。

日本は、最初から、島国という地政学的な有利さを生かした、統一した国家観を持っていたと予想できます。つまり、それは、太陽神を中心とした祭祀国家です。

日高見国がタカミムスビ統治の時代であり、そのあと、農耕が生業として加わることによってアマテラスの統治時代がやってきました。外来から移民が入り、スサノオに象徴される外来神との葛藤がありました。

そして、スサノオの子孫である大国主命が、関西を中心とする地域を統治するようになりました。大国主命に対して、関東を本拠とする高天原系が「国譲り」を迫ります。

「国譲り」において実行部隊として動いたのが鹿島・香取の神々でした。「出雲」に象徴される関西に進出して「国譲り」を成功させます。

この時代にすでに、鹿島にいた中臣氏の祖、香取にいた物部氏の祖が、高天原系勢力の中心で活躍していたのです。

ニニギの天孫降臨以前に、ニギハヤヒは大和地方に降臨して、その地を統治していました。やがて、時を経て、九州、中国地方に人口が増えてきます。

再統治の必要を知った高天原系は、あらためてニニギを「天孫降臨」させました。実質的に二度目の天孫降臨です。

ニニギの天孫降臨は、鹿島から鹿児島への大船団というかたちで行われました。このことについては、著書『高天原は関東にあった　日本神話と考古学を再考する』（勉誠出版、二〇一七年）、『天孫降臨とは何であったのか』（勉誠出版、二〇一八年）で詳しく述べています。

ニニギの天孫降臨の時代、中心勢力は鹿児島系のアマノコヤネに代表される中臣（藤原）系であり、諏訪に依拠していた、国譲りに最後まで抵抗したことで知られるタケミナカタ系の氏族でした。鹿児島県には今なお、諏訪神社系の神社が数多くあります。

日本人は、神道というかたちで御霊信仰をもっています。この御霊信仰が、日高見国＝縄文・弥生系の東国の豪族たちを、『記紀』の神話の中に、神々として扱って記録させることになったと言っていいでしょう。

レヴィ＝ストロースの言葉を待つまでもなく、日本ほど「神話」と「歴史」が結びついている国は他にないのです。

【著者紹介】
田中英道（たなか・ひでみち）
1942年生まれ。歴史家、美術史家、東大文学部卒、ストラスブール大学Phd. 東北大学名誉教授、ローマ、ボローニャ大学客員教授。
主な著書に『日本美術全史』（講談社）、『日本の歴史』（育鵬社）、『レオナルド・ダ・ヴィンチ』（講談社）いずれも欧語版、『芸術国家　日本のかがやき』『高天原は関東にあった』『日本の起源は日高見国にあった』『天孫降臨とは何であったのか』『日本人を肯定する』『邪馬台国は存在しなかった』『発見！ユダヤ人埴輪の謎を解く』『老年こそ創造の時代』（勉誠出版）他多数。

「国譲《くにゆず》り神話《しんわ》」の真実《しんじつ》

神話は歴史を記憶する

2020年10月20日　初版発行
2023年 5月31日　初版第三刷発行

著　者　田中英道
発行者　吉田祐輔
発行所　㈱勉誠社
〒101-0061　東京都千代田区神田三崎町2-18-4
TEL：(03)5215-9021(代)　FAX：(03)5215-9025
〈出版詳細情報〉http://bensei.jp

印刷・製本　中央精版印刷
ISBN 978-4-585-22293-4　C0021